聞き上手になるには

弘兼憲史

フォー・ユー

はじめに

「あの人とあの人は昔、できていたのよ……」

「へぇー、そうなんだ!」

話してくれたのは先輩の女性社員。会社員時代の経験なのだが、そんな〝秘密の情報〟を、ぼくはわりと聞かせてもらえることが多かった。

それは、なぜなんだろう――ということを書かせていただこうと思う。

漫画は、基本的にはフィクションである。だから、登場人物の性格や性癖は、作家が好き勝手に創作してよい。

しかしぼくの場合、現実に即した漫画を描いているため、読者に「いるいる、こんな人」と感じさせる現実的なキャラクターにしなければいけない。そのため、「世の中にはどんな人がいるんだろう」「好かれる人はどんな人か」「いかなるタイプの人が出世するか」、あるいは「この人はどうして嫌われるのだろう」と、世の人々を観察・分析する習慣がつく。

そうした人物観察を通し見えてくるのは、「気配りのある人」、言葉を替えて言えば、「人の話を聞ける人」「聞き上手な人」は、どうやら例外なく、周囲の評価を勝ち得ているということである。

「聞き上手」――。これが良好な人間関係を築くうえでのキーワードではないか。「聞き上手」な人とは、他者の話をきちんと聞ける人、会話をさり気なく上手にコントロールし、その場の雰囲気をよくしていける人である。別な言葉でいえば、サービス精神が旺盛で、他者を楽しませようとする人である。

こういう人と一緒にいると、気分がよくなる。それだから、「なにか一席設けよう」などといったときに、必ずや声をかけたくなる。「聞き上手」な人は、人から好かれるのだ。

人間関係がぎくしゃくしがちな現代、「人との付き合いが苦手」という人が増えているこの頃、「聞く力」が注目されてきたのは当然といえる。人と良好な関係を築くには、自己主張より、相手の声に耳を傾けること＝相手を尊重することが大事だと、多くの人が気づきはじめたのだ。ぼくも同感である。

本書では、「聞き上手」になることが人生においてどんな意味があるのか、ということについて、体験談を盛り込みながら、ぼくなりの考えをお話ししようと思っている。

二〇〇八年三月

弘兼憲史

聞き上手になるには／もくじ

第2章　なぜ島耕作は「聞き上手」なのか　37

第3章　ぼく流「聞き上手」になるために　81

「何を聞くか」より「どう聞くか」　113

第4章 「聞き上手」とは気配りである 133

本文イラスト／弘兼憲史
本文DTP／株式会社ライズ
編集協力／角谷三樹子

し、隣のつり革につかまってみた。なぜかといえば、

「この人はあんなに仕事ができるのに、なぜ周りから敬遠されるのだろう」

ということを知りたかったからである。

「社会にはいろいろな人がいる。世代の違う人とも接してみたい」

という思いも強かった。

そんなわけで、こちらから、

「話を聞いてみよう」

と接近してみたのだが、おかげでいろいろなことがわかってきた。

その部長と〝お近づき〟になり、仕事上のことでも、また仕事以外の社会勉強という点でも、いろいろと教えられることが多かった。

◇宗右衛門町に出入りする身に

上司あるいは年配の人というのは、

「ご一緒していいですか?」

「これについて教えていただけませんか?」

というふうに、目下の者が近づいてきたり相談してきたりすると、拒否する人はまずいない。むしろ、

「ちょっと見せてごらん」

「明日、参考になる資料を持ってきてやろう」

という具合に、年少者の問いかけには快く応じてくれるものなのだとわかった。一見、「気難しそう」「怖そう」と思える人も、接してみれば意外に「フツーの人」であり、気さくに対応してくれる。苦手意識をもたず、近づいてみるべきだと思うようになった。


さて、ぼくが接近してくるのを、はじめのうちこそぎごちない様子で受け止めていた部長だったが、ほどなく胸襟《きょうきん》を開いてくれ、仕事の進め方や交渉の仕方、果ては日本経済や外交問題にいたるまで、広く教授してくれるようになった。そして、その深い見識に、

「この人は人の上に立つ人だ」

「なるべくして部長になった人だ」

と納得したのだった。やはり「できる人」は、それなりの素養をもっているものだ。

部長はまた、「これも経験だ」と、折々に、ぼくを他社との接待の場に連れていってくれた。おかげで、当時のぼくの年齢では知りえないような場所・場面を経験することができた。大阪は宗右衛門町《そうえもんちょう》の料亭などという、普通は行けないような場所に出入りする機会も得、料亭という一種独特な世界の、さまざまな人間模様やしきたりを見聞きできた。また、ぼくにとっては上司である部長が、社外ではどのような立場で、どのようにふるまっているのか、ぼくも一歩外へ出たら、「松下の社員」としてどうあらねばならないか、などを教わった。


部長とのやりとりに気をよくしたぼくは、人望のあるなしにかかわらず、いろいろな人に話を聞きに行ったように思う。

人は見かけによらぬもの。

「まず相手の言い分を聞け」

という、現在のぼくの姿勢は、この部長とのつき会いで確固たるものになった気がする。自ら人に話を聞きに行ったおかげで、たくさんの人から可愛がられたり、思わぬ情報を引き出せたりした。さまざまな人との出会いや交流は、のちの「島耕作《しまこうさく》シリーズ」に大いに活かされることにもなった。

ご存じない方もいると思うので、簡単に「島耕作シリーズ」について説明しておこう。「島耕作シリーズ」というのは、大手家電メーカー——実は松下電器を下敷きにしているのだが——に勤務するサラリーマン・島耕作を中心に展開する人間ドラマで、同時代の実際の政治情勢、経済の動向を背景に、大企業の経営戦略や海外での事業展開、企業内の派閥抗争といった日本企業の実態なども描いている。また、『課長・島耕作』に始まり、『部長・島耕作』、『取締役・島耕作』、『常務・島耕作』、『専務・島耕作』と、耕作の出世に伴ってタイトルを変える、出世漫画でもある。

◇「どうしてくれる！」を受け止める

さて、企業で聞いた話をひとつ紹介しよう。

企業には「お客様相談窓口」のようなものを設置し、顧客からの苦情に対処しているところが多い。そして苦情電話を受けるスタッフが、対応時に心がけていることの

筆頭が、

「相手の話をよく聞く」

ことだという。

企業側のミスや欠品による苦情は、もちろん重大事なので、相手の苦情をよく聞き、善処しなければならない。しかし苦情のなかには、明らかに顧客側の落ち度であるものも少なくないらしい。しかし、そういうときでも、

「それはあなた自身の落ち度ではないか」

といった対応は、相手を逆上させかねない「禁じ手」なのだという。明らかに顧客側の落ち度とわかっていても、相手の言い分を最後まで聞く。すると不思議なことに、相手は怒りを鎮めていくことが多いというのだ。

これは、自らを顧みても納得する。家人やアシスタントの落ち度に激怒し、口汚くののしったりしても、相手が神妙に誠実に怒りを受け止めると、

「ま、いいか」

と腹の虫が収まっていくものだ。逆に、

「私のせいではない」

と相手が居直ったりふてくされたりすると、こちらの怒りはさらに増幅していく。たしかに、自分の話をどういう態度で聞いてもらえるかで、話し手の心証は大きく変わっていくようだ。

ところで、ここ数年、

「松下電器の石油ファンヒーターの一部が不具合を起こす」

と問題になっている。ぼくは、この件についての松下電器の対応を見て、「すごいなぁ」と思った。〝古巣〟だからと身びいきして言うわけでは決してない。通常、この手のトラブルは、新聞などに「お詫びと回収のお知らせ」を出して済まされることが多い。しかし今回、松下電器では、テレビＣＭによる大々的なお詫びと回収・点検修理の告知をしたのだ。しかも、ほかの自社製品のＣＭを自粛してまで。これは消費者心理を考えた、非常に良心的な方法だったように思う。そして、

「全社をあげ、誠意をもって詫びる」

というその姿勢が、かえって松下電器という企業の信頼性を高めたのではないかと思うのだが、どうだろう。

人は誰しも悪いことをすれば怒る、しかし過ちを率直に認め、謝罪した者の誠意が認められれば許すだけの寛容さはもっているものである。

その逆のことをやってしまったのが、一連の食品の賞味期限改ざんや偽表示の不祥事への対応だ。発覚した企業のトップは一様に謝罪会見を行なっているが、なかには自らの責任を回避するために従業員やパートが勝手にやったことだと言いのがれ、そのウソがバレてさらに窮地に追いこまれるという結果を起こしている。

失敗をしても、ごまかそうとせず誠意をもって対応すること。そして、心配なことがあれば何でも言ってきてください、責任をもってお応えします、と相手の言い分を聞く姿勢を示すことで、はじめて相手の気持ちをよい方向にもっていくことができるのではないか。

通常の会話においても、自分の言い分を最後まで聞いてもらえると気分がよいし、そういう人とは「また話したい」と思うものである。もしも、のときにはよりいっそう「相手の話をよく聞く」ことが大切なのだと痛感している。

「聞く」姿勢が福を呼ぶ

見回せば、「聞き上手」の人は案外たくさんいるように思う。そういう人を観察していると、さりげなく、その場の空気を和ませたり話し手のモチベーションを上げたりしているようだ。その一方で、人から好かれたり、「君だけに話すんだよ」といった貴重な情報が入ってきたりと、いろいろ〝トク〟もしているようである。

◇やはり偉大だった幸之助さん

「聞き上手」な人は、人から好かれたり慕われたりすると思う。たとえば松下電器の創業者・松下幸之助《こうのすけ》さんがそうであった。

幸之助さんは、晩年こそずいぶん丸くなったと聞くが、

「君の部署は何をやっているのだ！」

「すぐやりなおせ！」

と、相手に有無を言わせぬ激しく厳しい物言いをしたことで有名である。しかし、

どれだけ怒鳴られたり「ダメ出し」されたりしようとも、幸之助さんと接したことのある人は誰もが、幸之助さんを慕っていたし、むしろ、叱られることを喜んでいたふしがあったという。

なぜかと言えば、感情をむき出しにする一方で、幸之助さんは、

「あんた、どない思う？」

「君なら、どないする？」

と、部下の意見に耳を傾けたというし、

「お言葉を返すようですが」

といった進言も、

「なるほどなぁ」

と、神妙に受け止める度量のある人だったからだという。情報をもって来た人には、たとえそれが既知の事柄であっても、「初耳だ」といった様子で最後まで話を聞いたという。そういう姿勢が、

「幸之助さんはぼくの話をちゃんと聞いてくれる」

と、部下に満足感・信頼感を与え、〝信奉者〟を増やしていったのだと思う。

幼い子どもはよく、「聞いて、聞いて」と親にねだる。親の関心を自分に向けたいからだ。成長しても同じで、口にこそ出さないが、人は誰でも、

「自分に関心をもってもらいたい」

「自分の話を聞いてほしい」

という思いを少なからずもっているものだ。「聞き上手」な人は、そうした他者の自尊心を満たせる人であり、当然、相手から好意をもたれるようになる。実際、「話好きだが、人から嫌われている」という人は少なくないが、「聞き上手」の人が嫌われるというのはあまり聞かない。だから、職場で幸之助さんのような「聞き上手」な上司に出会うと、「いい上司に巡り会った」とうれしくなるのだろう。

ぼくは三年間、幸之助さんと同じ本社に身を置いていたのだが、直接話す機会はついに巡ってこなかった。一度でいいからお話したかった、と今でも残念に思っている。

◇「話せばわかる」は本当だ

「相手の話を聞こう」という姿勢は、良好な人間関係を築いていく。日本のサラリーマンは「仕事のあとの一杯」が好きだが、勤務中という公的な時間では知りえない、上司や同僚の〝素の部分〟を知りえる機会であり、それが社内のチームづくりにも一役買うからだろう。そして、「話せばわかる」とはよく言ったもので、なんとなく敬遠し合っていた者同士でも、じっくり話してみると、

「あれ、君ってそういうことを言う人だったんだ。意外だな」

と、打ち解けられることが少なくない。話を聞く中で、相手のものの見方や考え方、あるいは価値観というものがはじめてわかってくる。話を聞かなければそれもわからないのだ。

前述した「部下から敬遠されている部長」も、ぼくが積極的に教えを請いにいったことで、

「こいつには本音を言っても大丈夫かな」

とガードを解いてくれた。周りからは「おかしな取り合わせ」ととられたかもしれないが、おかげでぼくは、部長の人柄に触れ、親近感をもつことができた。

また、「聞く」という姿勢をもてば、意見や立場がかなり違っていても、互いを認め合えるようになると思う。ぼくは政治漫画『加治隆介《かじりゅうすけ》の議』を描くにあたり、政界や議員の様子をできるだけリアルに描こうと、たくさんの政治家に取材した。それらの取材を通し、与党対野党、党内の対立派閥など、政敵であっても、「あいつは尊敬に値する」と、互いに認め合う関係を築いている議員もたくさんいることを知った。ライバルであっても、互いを尊敬し合える間柄というのはいいものだ。そういう関係でいられる人を増やすためにも、多くの人と接し、話を聞くことが大事だと思う。

ちなみに、『加治隆介の議』とは、商社マンから政治家に転身した主人公・加治隆介が、「世界的視野をもつ政治家」へと成長し、ついには総理大臣にまで昇り詰めるという物語である。ご興味があれば、ぜひ読んでみていただきたい。

◇「ここだけの話」が自然と集まる

「聞き上手」な人には情報が集まってくる。当然と言えば当然である。そしてときには、

「ここだけの話だけど」
「君だから教えるんだよ」
といった非公開情報や裏話ももたらされる。先のぼくの経験に当てはめれば、部長という人間を介さなければ、「料亭での商談の様子・実態」など、とても知りえなかったことである。

新聞やテレビ、そしてインターネットなど、さまざまな情報源があるが、人から直接もたらされる〝生の情報〟には、公の媒体からは得られない真実味を帯びたものが多い。仮にそれが「根も葉もない噂話」であっても、発した人のスタンスやものの見方がうかがえ、相手への理解が深まるというものだ。

人が生活していくうえで、情報――それも、正しく良質な情報――をもつことは非常に重要である。そのためには、人と信頼関係を結び、しかも「聞き上手」でありたいものだ。

余談になるが、なぜ日本が国連の安保理常任理事国になりたがっているかといえば、理由はさまざまあれど、つまるところ、常任理事国には膨大な情報が入ってくるからだという。どれだけ質のよい情報を、どれだけ多くもっているかで、国政は大きく変わってくる。それほど情報は重要な位置を占めているのだ。ぼくら市井《しせい》の者にとっても同様である。

◇落語家は場の空気を読む名人

「話し上手は聞き上手」といわれるが、もっともだと思う。「話し上手」とは饒舌《じょうぜつ》であることではないし、ましてや「巧言令色《こうげんれいしょく》」といったおべんちゃらの類の話術は「話し上手」とは言えない。むしろ、相手の話を聞くことが、「話し上手」につながると心得るべきではなかろうか。

たとえば、「話し上手」の典型として落語家があげられるが、彼らは、噺《はなし》の技術を磨くのはもちろんのこと、実は噺を聞きにくるお客さんの〝声〟に耳を澄ませているのだそうだ。

ぼくが評価している落語家に、立川志の輔《たてかわしのすけ》さんがいるのだが、志の輔さんは同じ噺をするのでも、その日のお客さんに合わせ、毎回、話し方を変えているという。

「芸人に上手いも下手もなかりけり、行く先々の水に合わねば」

ということで、客席の雰囲気やお客さんの様子を見ながら、その場にふさわしい落語を提供するようにしているのだという。また、「そうでなければ笑いは取れない」とも言っている。「話し上手」な人は、相手のことを考えながら話している、相手がどんな話を求めているかを察知し提供しているのだなあと、改めて思ったものである。

これは日常会話にもそのまま当てはまる。たとえば、「話し上手」の人を観察していると、話の輪から外れている人を、

「君はどう思う?」

などと会話に巻き込んでいき、その場の雰囲気がよくなるよう努めているように思う。そして、相手の話のポイントやその場の空気をつかんだうえで、タイミングよく自分の意見を述べたり情報を提供したりしようとしている。気のきいたジョークを飛ばせなくても、その場の空気を読み、その空気に合った話を提供していくことが「話し上手」なのだろう。

◇トキワ荘の住人たちはなぜ大物になったのか

「人の話を聞く」「意見が違っていても、その言い分を聞く」ということは、一語で表現すると「謙虚」ということではなかろうか。この謙虚さが、自分の才能や能力を磨いていくことにもなると、ぼくは考えている。

漫画好きには有名な話だが、東京は椎名町《しいなまち》というところに、手塚治虫《てづかおさむ》先生、のちに寺田ヒロオ先生を中心とする漫画家がたむろす場・トキワ荘があった。今日の日本漫画界の礎《いしずえ》を築かれた、石ノ森章太郎《いしのもりしょうたろう》先生、藤子不二雄《ふじこふじお》先生、赤塚不二夫《あかつかふじお》先生など、そうそうたる大先輩たちが青春時代を過ごし切磋琢磨《せっさたくま》した下宿である。手塚先生以外は、まだ駆け出しだった大先輩たちだが、聞くところによれば、「舞い込む仕事は、文句を言わず、なんでも引き受ける」という姿勢でおられたらしい。それぞれに描きたいもの、主義主張はあっただろうが、

「若いうちは選り好みせず、与えられるテーマをなんでもこなそう。それが腕を磨くことになるだろうし、自分の意外な可能性も見えてくるかもしれない」

そんなふうにプラス思考で、貪欲《どんよく》にペンを走らせておられたらしい。

さまざまな意見・注文に対し、「自分の本意ではない」と直ちに突っぱねるのでは

なく、謙虚に、そして前向きに受け止めていく――こうした他者の言動から学ぶ姿勢が自分の技量を磨いていくことは、これら大先輩たちのその後が示している。

なんらかの岐路に立っているときなどは特に、素直に第三者の意見・アドバイスに耳を貸すことが大事だと思う。

「自分は人付き合いが苦手で、人前に出る仕事なんかしたくない。なのに人事は、接客をやれと言う。なんで?」

本人は「接客下手」と思い込んでいても、他者は別な評価をしているかもしれない。また、好きな仕事・やってみたい仕事と、それが自分に向いているかどうかは別問題である。そういうとき、「人の意見を聞く」という謙虚さがあれば、現状打開にきっとつながっていくと思う。

対人関係においても同じで、職場に「嫌な先輩」「気の合わない同僚」がいても、敬遠するのではなく、その人から何かを学び取ろうという姿勢があれば、のちのち、必ずや生きてくると思うのだ。

◇世界の湯川博士の〝おとぼけ発言〟の意図は…

「聞き上手」な人はクリエイティブな会話をつくっていけるとも思う。たとえば、会議や集まりにおいて、権威をもった人が「こうである」「こうあらねばいかん」と、一方的に自説をまくしたてるようでは、列席者の口は閉ざされ、その場の空気は沈滞していく。逆に、

「話していて閃《ひらめ》いたんですが」

「皆さんの議論を聞いていて思ったんですが」

「そういえば、こういう人材がいましたよ」

と、活発に意見が飛び交うと、場が明るくなり、よいアイデアもどんどん出てくる。そして、そういうクリエイティブな会話は、参加者に充足感を与えてくれる。一対一の会話も同じだと思う。

クリエイティブな会議・会話には、必ずや「聞き上手」な人がいて、

「○○さんはどう思う？」

「君のその考え、面白いじゃない。もう少し説明してくれるかな」

など、皆の意見を引き出すのにひと役買っている。互いを刺激し合える会話は楽し

いし、自分がそういう会話をかたちづくれるようであれば、こんなうれしいことはないはずだ。

そういえば、かの湯川秀樹《ゆかわひでき》博士は、場を和ませ、同席者たちの口を滑らかにすることが上手だったと聞いたことがある。博士を前にすれば、

「相手はノーベル物理学賞を受賞した〝世界の湯川〟。下手なこと、間違ったことを言ったらばかにされるに違いない」

と、誰だってコチコチに固まってしまうに違いない。そういう周りの心境を知ってか知らずか、博士はひと言ふた言、とぼけたことを言うのが常だったというのだ。そして、

「湯川博士ともあろう人が、あんなことを言う」

「こんな質問をしてくる」

と、その場が和み、同席者を活発な論議へと導いたという。

◇「聞いて」育てる

「聞き上手」な人は、人を育てるのも上手だと思う。

松下幸之助さんが「聞き上手」だったことはすでにお話したが、幸之助さんは企業の使命は社会貢献にあり、そのためには社員一人ひとりを成長させなくてはいけないと、人材育成に努めた人である。そのなかで幸之助さんは、

「部下の話をよく聞くことが、部下を育てることにつながる」

と説き、自らも実践していたと、多くの人が証言している。

確かに、相手の言い分を聞きもせず、

「ああやれ、こうやれ」

「俺についていてくればいい」

といった上意下達型の指導では、人はついてこなくなっている。親子の関係など、その最たるものだろう。

「なに怠けてる!?　お父さんの若い時分は、もっと勉強したもんだぞ！」

「相変わらず、そんな連中とつるんでいるの!?　いい加減にしなさい！」

云々、ガミガミ…。そうこうするうち、「うるせぇんだよ!!」と、子どもはキレて

しまったりするのだ。

人を指導するには、こちらの考えを押し付けるのはあまり得策ではなさそうである。むしろ、相手の言い分を聞いたうえで対処の仕方を考えていったほうが賢明であり、やはりここでも「聞く力」が威力を発揮するのである。

指導力のある上司は、部下の言い分を聞き、自信とやる気を引き出していく——年を重ねるごとに、幸之助さんの教えは正しかったと実感している。

第2章

なぜ島耕作は「聞き上手」なのか

いろいろな出会いが、ぼくを漫画家にした

ぼくの代表作「島耕作シリーズ」の主人公・島耕作のキャラクターには、作者であるぼくの考え方が色濃く反映されている。そして島耕作は、とても「聞き上手」なのだ。なぜそうなったのか？　ぼくの体験をいくつかご紹介しよう。

◇そばにはアメリカ人も在日の人たちも

ぼくは一九四七年、山口県岩国《いわくに》市の、経済的にはそこそこ恵まれた家庭に生まれた。現在一五万人弱の人口を抱えるこの地方都市には、米軍岩国基地（正式名称・米海兵隊岩国航空基地）がある。ベトナム戦争時には出撃基地となり、湾岸戦争のときも多くの兵士がここから派遣された。総面積は甲子園球場の一四五倍と広大であり、敷地内には兵士が家族とともに住んでいる。

ぼくの家は基地からほど近いところにあったため、子どもの頃は、フェンス越しに、アメリカ人が庭でバーベキューなどをしている様子を垣間見た。飢えた経験こそ

ないものの、牛肉などというものはほとんど口にしたことのないぼくには、彼らアメリカ人の食生活はたいそう贅沢《ぜいたく》なものに映り、

「いいなぁ、アメリカ人は」

と、ひそかに憧れたものである。ラジオからも、基地関係者向けの極東放送（FEN）が入ってきたので、チャック・ベリーやエルビス・プレスリーなど、日本とはまったく異なるアメリカのリズムに興味を覚え、親しんでもいった。また、ぼくの生家は呉服家を営んでいたのだが、馴染み客には米軍兵士相手の娼婦らが混じっていた。こうした諸々のことから、ぼくは子ども心に、戦後の日米の力関係を悟っていたような気がする。

一方で、市内には在日の人々の居住区もあり、そこには深刻な差別・貧困が横たわっていた。たとえば小学生のとき、給食費が払えず、給食時間のあいだ、じっとうつむいている同級生がいたのを覚えている。

片や豊かなアメリカ社会、片や貧困と差別にあえぐ在日の人々の社会――いまにして思えば、戦後の状況を象徴する、かなり刺激的な環境であった。

◇なるべくして社長になったS君

そういう環境に隣接しながらも、親が教育熱心だったせいか、ぼく自身は学業中心の、比較的穏やかな、子どもらしい生活を送っていた。

中学からは、中高一貫教育の私立に学んだのだが、当時を振り返って思うのは、「偉くなる人は、子どもの頃からそれなりの素養が見られるのだなぁ」ということである。非常に正義感の強かったS君はその一人だ。

ぼくは、学校ではいたずらっ子で、あるとき、黒板消しを教室のドアに挟むといういたずらを仕掛けていた。先生が教室のドアをガラッと開いた途端、黒板消しが落下して頭に当たり白煙が舞うという、昔の子どもがよくやったいたずらである。ところがそれを見ていたS君が「やめろよ」と止めに入った。そういうS君に、「何かっこつけてんだ」と違和感を覚えたぼくだったが、ある日を境に、彼を見直すようになった。

授業中、S君の後ろに座っていたぼくは、例によっていたずらをしていた。彼の背中を鉛筆でつついていたのだ。そのうちに先生に見つかってしまった。ところが、二人でいたずらし合っていると勘違いしたのだろう、先生はぼくだけでなくS君も廊下に立たせたのである。

子どもなら普通、「弘兼君がいたずらを仕掛けてきただけで、ぼくは何もしていません」と釈明しそうなものだが、彼は黙ってぼくの隣に立った。正義感の強い彼は、告げ口も潔ぎよしとしない性格だったのだ。これを機に、ぼくのS君を見る目は変った。

S君は、勉強はさほどできるほうではなかったが、周りへの気遣いを忘れず、正義感あふれる姿勢は一貫していた。だから、彼のことを悪く言う人間はクラスにいなかったし、「Sがそう言うなら」と、周りが一目置くような存在にもなっていった。

そのS君に最近、再会する機会があり、いまでは某大手企業の社長におさまっていることを知った。つくづく、「彼は出世すべくして出世したのだな。幼い頃から人を統率する素養があったのだな」と感じたものである。そしてS君の幼少時代を知るぼくは、「きっと彼は、義を貫く誠実な経営者でいることだろう」と想像するのだ。

◇ぼくを夢中にさせた手塚漫画

ぼくの少年時代を漫画抜きには語れない。

ぼくと同世代の人は皆、熱中したと思うが、当時、新聞に連載されていた山川惣治《そうじ》先生の『少年ケニア』、手塚治虫先生の『ぼくの孫悟空《そんごくう》』などの漫画にぼくも夢中になった。

特に手塚先生の漫画は刺激的だった。それまで漫画といえば、田河水泡《たがわすいほう》先生の『のらくろ』のように、人物は「左右から登場し、左右に去っていく」といった、かなり単調な動きのものであった。それを手塚先生は、身体の一部をクローズアップしたり、場面をさまざまな角度から描いたりと、映画的手法を大胆に取り入れたのだ。

縦横無尽に動き回る登場人物たち、迫力ある展開に、わくわくさせられたのを覚えている。だから、その頃に登場した週刊の漫画雑誌は、ぼくら子どもにとっての大きな楽しみだった。小遣いが限られているものだから、友だち同士で別々の漫画を買い、回し読みした。とにかくたくさん漫画が見たかった。ぼくはすでに絵を描くことが好きで、油絵を習っていたのだが、しだいに漫画っぽい油絵を描くようになってしまい、先生を大いに憤慨させてしまったのを覚えている。

そんなわけで、ぼくの「漫画家になりたい」という思いは、少年時代に醸成されていったのである。

こうして多感な少年時代を過ごした岩国であったが、大学進学を機に、その地を去ることになった。のちには親も東京へ移ってきたため、足を運ぶこともめっきり減った。

しかし、岩国には愛着がある。県内数校で客員教授や講師として教壇に立っているのも、岩国市観光大使を務めさせてもらっているのも、「少しでもふるさとの役に立てたら」との思いからである。岩国市営バスには、地元の話題づくりにと、「島耕作バス」なる車両も走っている。かの宇野千代さんの名作を模した「おはんバス」と並んでだから、光栄の至りである。「おはんバス」「島耕作バス」は、岩国駅－新岩国駅間を巡回している。機会があれば、ぜひ乗車してみてほしいし、岩国に興味をもってもらえるとありがたい。

◇「記者を目指す」と言いながら、やはり漫研へ

高度経済成長の最中の一九六六年、ぼくは早稲田大学に進学した。早稲田を選んだのは、新聞記者になろうと思ったからだ。もちろん、漫画家になりたい気持ちは強かったが、当時、漫画家は非常に少なく、

「並大抵のことではなれないだろう」

と、子どもながらにわきまえ、半ばあきらめていた。そこで〝第二志望〟の新聞記者を志し周囲に相談したところ、

「それなら早稲田がよかろう」

とアドバイスされたのである。専攻は法学部。商学部にも受かっていたのだが、

「出席は取らないし、卒論もない」

というのが決め手となった。やはり人間はラクな方へと流れるものなのだ。

ともあれ、喜び勇んで入学したぼくだったが、記者を目指すならジャーナリズム研究会に入ればよいものを、やはり漫画研究会に入ってしまったのである。優柔不断である。

早稲田の漫研は、ぼくが入会したときはすでに創設一五年目くらいを迎えていた

〝老舗《しにせ》〟である。園山俊二《そのやましゅんじ》先生、東海林《しょうじ》さだお先生、福地泡介《ふくちほうすけ》先生等、偉大な先輩もいらっしゃって、いまでは「早稲田漫画文庫」を形づくるほど多くの漫画家を輩出している。近ごろ、よくテレビに出ている、やくみつる君なども、この漫研ＯＢである。

もっとも、漫研といっても、特に大した活動はしていなかった。早稲田祭に展示するヒトコマ漫画を描いたり、似顔絵を描いたりで、現在のようなストーリー漫画は一ページも描いていない。単なる〝アマチュアマンガ好き〟が集まった同好会だった。ちなみに、ぼくが初めてストーリー漫画を描いたのは、会社を辞めた二五歳の時である。

さて、希望を胸に門をくぐった早稲田大学であったが、折りしも七〇年安保闘争真っ只中であり、学内には左翼系の学生が跋扈《ばっこ》していた。入学当初こそ、そうした連中に誘われ集会にも顔を出したりしたが、いかんせん、考え方が合わず早々に離脱することとなった。巷《ちまた》には、

「弘兼は、大学時代は左翼だった」

と思っている人がいるようだが、このあたりの事情を勘違いしているに違いない。

以後は漫画研究会で好きな漫画を描く傍ら、流行りのボタンダウン・シャツにチノパン、ローファーといったいでたちで〃アイビー青年〃をきどったり、映画や音楽に没頭していくことになる。

◇工事現場のオヤジに教わった人生観

入学早々、大学紛争のあおりで長期休校となったものだから、それを機にバイトに精を出すなど、ぼくは外の世界と接するようになった。そして行く先々で、自分と異なる人間に出会い、

「人間というのは面白い」

と大いに刺激を受けることになったのだ。

バイトはいろいろ掛け持ちしたが、四年間を通して続けたバイトに、ホテルニューオータニでの配膳係がある。パーティ会場で行なわれるさまざまな催しの席で、料理を取り分けたりするボーイである。当時一〇〇円が相場だった時給が、ここでは二五〇円と高給だったことが応募の動機となった。しかし、年齢も経歴もさまざまな

人間で構成される「職場」という世界に、大いに刺激を受けた。そして、「学内やプライベートでは気の合う人間とだけつるんでいられるが、職場ではそうはいかない」

「どんな人とでもうまく付き合い、チームを組んでいかねばいけない」

ということも学んだ。また、ぼくの持ち場であるパーティ会場では、芸能人など華やかな世界に生きる人々を目の当たりにし、目を丸くもしたものである。ちなみに、ある結婚式の席上では、まだ子どもだった中村勘九郎《かんくろう》さん（現一八代目・中村勘三郎《かんざぶろう》）が、やんちゃぶりを発揮しているのを目撃している。

掛け持ちでバイトした工事現場では、初めて季節労働者なるものに出会った。当時は建設ラッシュで、都内各所にビルが建ちはじめ、各地からその日暮らしの労務者が集まってきていたのだ。ぼくが働く現場にも、そんな〝オヤジ〟がいた。そしてその〝オヤジ〟は、休憩時間になると、世の中のことや自分の人生観を、タバコ片手に誰彼となく語っていた。興味を持ったぼくは、その〝オヤジ〟にまとわりつき、

「昔は恐喝もやってよぉ」

「世の中まったくふざけてる」

などといった本音を、わくわくしながら聞いていたものである。漁師町に赴いたときは、荒くれのおっちゃんたちに引っ張り込まれ、浜辺で朝まで続くどんちゃん騒ぎに付き合わされたりしたこともある。

挙げだせばきりがないが、とにもかくにも「世の中にはいろいろな人間がいるんだな」と勉強になったし、バイト先は、小遣い稼ぎというより「人間観察の場」ととらえるようになっていった。そして、こうしたさまざまな人間との出会いが、のちのぼくの漫画に色濃く影響していくことになる。

◇漫画家になれなければ料理人に

「のちのぼくへの影響」ということでは、配膳係のバイトは、ぼくを「料理」に本格的に目覚めさせてくれたという点でも貴重であった。

ぼくは子どもの頃、よく父と釣りに行き、とれたての魚の旨さを堪能していた。また家では、祖母や母が台所で料理する様子をあきずに眺めていた。知らず知らずのうちに、料理には興味をもっていたようだ。

そんなぼくに、ホテルニューオータニの供する料理は刺激的であった。さすが一流ホテルだけあって、フォアグラだの キャビアだの、貧乏学生には食べたこともなければ見たこともないものばかりである。だからパーティ後にはよく、食べ残りをこっそり〝賞味〟させてもらった。

ワインに興味をもったのもこの頃だ。こちらは、大学の寮付近に住んでいた留学生たちから教わった。ときどき彼らのホームパーティに参加させてもらったのだが、チーズフォンデュなるメニューに使う白ワインを通し、

「ワインって美味しいものだな」

と思った。それが、

「ワインを極めたい」

という、現在のぼくにつながっている。

そんな具合だから、ぼくは、漫画家になれなかったら料理の道に進んでいたと思う。けれど幸いにして漫画家になれた。だから料理は、ぼくの趣味のひとつにおさまっており、暇さえあれば、食べ歩きをしたり自分で包丁を握ったりしている。子ど

もが小さいころは、カミさん（漫画家の柴門《さいもん》ふみ）を手伝う意味で、よく台所に立ったし、いまは仕事場で料理長然としてアシスタントに夕飯づくりの手ほどきをしたりする。

ワインのほうも勉強しまくった。「島耕作シリーズ」の『部長・島耕作』では、耕作がワインの買い付け事業を手がけるのだが、これはぼくの趣味をそのまま作品化したものだ。

◇「昭和の妖怪」のオーラを見た

大学時代の出会いでは、岸信介《きしのぶすけ》さんのことにも触れておこう。なにせ、人前であがらないぼくが、あがってしまった最初の人物だったのだから。

ぼくは大学時代、岩国出身者用の学生寮に住んでいた。四年のときは寮長を拝命したのだが、そのときの寮の理事の一人が岸さんで、寮の文集づくりをするとき、打ち合わせにたびたび寮にやって来られた。

岸さんといえば、東大在学中は、のちに「民法の父」と呼ばれた我妻栄《わがつまさかえ》さんを抑え、常にトップの成績をおさめていた大秀才と聞いていたし、何より、安保闘争の火種となった日米安保条約締結を決行したその人である。ぼくが接触した頃は、すでに総理大臣職を辞していたが、依然、国会内での影響力は強かった。

その「昭和の妖怪」と呼ばれた人が、寮のまずい食事をぼくら学生と一緒に食べている――。そういう気さくな人だったが、その雰囲気は、周りにいる人間を威圧するに十分なものがあった。物腰柔らかく、声を荒げたりすることは決してないのに、何か独特の存在感があるのだ。「こういう人が政治を動かすのか」と、若き日のぼくは本当に圧倒されてしまった。


同じようなオーラは、その後お世話になった松下電器の創業者・松下幸之助さんにもあった。ぼくが入社したのは一九七〇年だから、幸之助さんが相談役に退かれる三年前で、現役最晩年の頃である。年齢も八〇歳近くになっておられ、杖《つえ》を頼りに、秘書に付き添われながら歩く、という状態だった。しかし、廊下に幸之助さんの姿が見えると、誰もが「はは～！」という感じで直立不動となる、そうならざるを得ないような力が全身からみなぎっていた。

岸さんにせよ幸之助さんにせよ、大物と称される人たちは、やはりそれなりの風格を備えているものである。

幸之助さんについては、「島耕作シリーズ」の舞台である初芝電器産業の、やはり創業者として描かせてもらった。違うのは、松下電器でのぼくは、幸之助さんと言葉を交わすチャンスなど望むべくもなかったのに対し、島耕作の場合は会長室に呼ばれ、

「キミの意見は?」

などと尋ねられている点である。目をかけてもらっているのだ。ぼく自身がかなわなかった幸之助さんとの会話を、島耕作は実現している。ちょっと、うらやましい。

「できる人の孤独」に触れたサラリーマン時代

大学を卒業したぼくは、漫画家でもなく新聞記者でもなく、サラリーマンになった。「新聞記事を書くより、やっぱり漫画だ」と、ずっと漫画を描き続けてはいたが、やはり漫画家は高嶺の花。「すんなりなれるほど、現実は甘くはない。ならば、せめて絵やデザインに関わる仕事につきたい」と、広告関係の仕事ができる会社を探

した。

松下電器を受けたのは、当時、サントリー、資生堂と並んで「宣伝御三家」といわれていたからだ。結果、無事入社でき、希望していた本社・販売助成部に配属された。一九七〇年のことである。

◇女性社員の情報力にビックリ

入社して、まず驚かされたのは、女性社員の情報力である。

「○○部長はコーヒーひとつにもうるさい。カップに並々と注いだりしたら、文句を言う」

などといった些細なことから、

「あの人にこういう物言いをしたら、必ずや怒り出すから気をつけたほうがよい」

「あの部署とこの部署はうまくいっていない」

など、業務上、知っておいて損のないありがたい情報、さらには、

「あの人とあの人は昔、できていた」

などというものまで。いやはや、女性社員の観察力、情報力には目を見張らされた

し、非常に勉強にもなった。そして、こうしたことを耳にできたのは、他の男性社員が敬遠していた「女性社員を手伝って雑用をこなす」という仕事を、ぼくが率先してやったからだと思う。

◇人の嫌がる仕事をするとトクをする

上司から「新人は早出して掃除しろ」と仰せつかったぼくら新入社員は、始業時間より三〇分早く出社して、机や電話を拭いたり、灰皿を整理したりということをした。しかしこういうことは、男女同権のいまでは信じられないことだが、当時は女性社員がやることとされていた。だから面倒くさがってサボりだす社員が出てくる。

そして一か月もすると、女性社員に混じって掃除しているのは、ぼく一人となっていた。もっとも、ぼくは非常なるプラス思考人間なので、女性に囲まれての作業を、

「ハーレムみたいだ」

と、けっこう楽しんでやっていたふしがある。

だから、こちらは面白がってやっていたのだが、女性社員側にしてみると、

「自分たちの仕事をバカにせず、手伝ってくれる」

というふうに見てくれていたのだろう。しばらくすると、彼女らからぼくはずいぶん可愛がられるようになった。

たとえば、当時は電卓なる便利なものもなく、計算はそろばん頼みであった。ぼくが、

「数字が合わないぞ」

と、ぼやきながらそろばんを弾いていると、彼女らの誰かがすっと寄ってきて、

「貸してごらんなさい」

と手伝ってくれたりした。こういうことは数限りなくあり、新米のぼくはずいぶんと助けられた。人が嫌がる仕事を引き受けることで、得することもあるのである。

◇一目置かれる人は孤独でもある

さて、大学時代にさまざまな人間と出会い、刺激を受けていたぼくは、

「せっかく社会に出たのなら、自分とは異質な人間や世代の違う人間とつきあってみたい」

と思っていた。だから、社内で敬遠されていた人たちにも積極的に接近していった。それが、冒頭でお話しした「仕事はできるが、周りから敬遠されていた部長」であり、これから話す先輩女性社員である。

会社のなかにはしばしば、周りから一目置かれる女性、いわゆる〝お局《つぼね》さま〟がいるものだ。ぼくの職場にも、例に漏れず、そういう〝お局さま〟がいた。当時はトウの立った、かなりの年配女性と考えていたが、いまにして思えば、まだ三十路《みそじ》前のうら若き独身女性であった。

彼女は、仕事はできるのだが、周りからは近寄りがたい存在とされていたようで、昼食も社員食堂で一人で食べていることが多かった。そういう彼女に、

「なぜ、この人は周りから敬遠されているのだろう」

と興味を持ち、それが知りたくて近づいていった。

手始めに社員食堂で、定食を載せたトレイを手に、

「ここ、空いてますか?」

なんて具合に接近していった。怪訝《けげん》そうな表情を見せる〝お局さま〟に、初々《ういうい》し

く、

「弘兼《ひろかね》といいます」

などと挨拶したものである。

こちらから声を掛けていくと、当初は、

「なに、この小僧」

といった表情で応じていた〝お局さま〟だったが、何度も接触していくうちに、だんだん打ち解けてくれるようになり、気に入ってもらえるようになった。

「他の人が近づいてこないなか、一人、抵抗なく接近してくる人間」

ということで、彼女もうれしかったのだろう。

気安く話すようになってからは、業務についていろいろ教えてくれたり、社内のさまざまな情報を耳打ちしてくれたりした。そして、一目置かれているがゆえに、彼女が社内で孤独でいることも、徐々にうかがい知るようになった。

先の〝嫌われ部長〟もそうだが、「人より仕事ができる」というのは、ビジネスマン、ビジネスウーマンとしては褒められるべきことである。しかし反面で、孤独を抱え込むことにもなるということを、ぼくは二人から学んだ気がする。そしてもうひと

つ、直接会って話を聞くことで、

「人はこの人をこう評価しているが、自分はこう見る」

といった、自分なりの見方・意見がもてるようになったように思う。

◇懸命な姿を見て「やはり漫画家を目指そう」と決心

定年まで勤め上げるつもりで入社したぼくだったが、早くも三年後には頓挫《とんざ》した。退職する決意をしたのである。

「このままではいかんのではないか。やはり漫画家を目指すべきではないか」

という思いがふつふつと湧き上がってきたからだ。これには、ある人との出会いも大きかった。

松下電器でのぼくは、クライアントとして、発注先のデザイン会社や広告代理店への業務発注を行なっていた。勢い、彼らとの付き合いは密なものとなり、よく一緒に飲み明かしたものである。

そんなある日、しこたま酔ったぼくは、やはり漫画家を目指しているというあるスタッフの家に転がりこんだ。夜半に目を覚ましてみると、その彼が酔い覚ましの水を飲みながら、懸命に机に向かっているではないか。聞けば、漫画賞の締め切りが迫っているという。

日々の仕事に追われながらも、こつこつと自分の夢に向かってペンを走らせているその姿に、

「このままサラリーマンの世界に安住していてよいのか。漫画を趣味で終わらせてよいのか」

と、深く考えさせられてしまった。

そこで一大決心をしたぼくは、会社に辞意を伝えに行った。前々から社員の似顔絵を描くなど、「漫画好き」が知れわたっていたせいか、

「そのほうがいいかもしれないな」

と、意外にすんなり受け入れてもらえた。もっとも、

「少しは引き止めてくれるかな」

とも思っていたので、少々淋しい気はしたが…。

ともあれ、晴れて漫画家を目指すことになったぼくは、しばらくはフリーでイラストを描いたりアートディレクションをしたりして食いつなぎながら、一心不乱に漫画を描き投稿した。幸いにも応募作品が次々に入選し、出版社から、

「うちで描いてみないか」

と、お声がかかるようになった。そして三年後の一九七六年、『ビックコミック』誌（小学館）にて、いよいよ漫画家人生がスタートしたのだ。デビュー作は『風薫る』であった。

こうして念願かなったぼくだが、ほんの三年間とはいえ、サラリーマン生活を送ったことは大きな財産となっている。会社でのさまざまな人間模様には学ぶところ多かったし、社会人としてのしきたりやマナーも体得できたように思う。

もしも大学卒業後、すんなり漫画家になっていたら、ずいぶん違うぼくになっていただろうし、ましてや企業人間・島耕作を描くことなどなかったであろう。また、本社勤務であったことは、企業というものの全体像を概観できたという点でありがたかったと、改めて思う。

出会った人を次々キャラに変えている漫画家生活

さて、ここからは漫画家になってからの話である。サラリーマン時代の交流は、主に松下電器を軸にしたものだったが、漫画家になってからは異業種の人――その最たるものが政治家だろう――とも接点をもつようになった。そうした出会いは、ぼくの糧となっているし、もちろん漫画にも反映されている。

◇しゃかりきに描いたデビュー時代

デビューからの数年間は、ＳＦ物などいろんなジャンルを、それこそ、しゃかりきに描きまくった。しかしぼくの場合、アシスタント経験もなく、まったくの独学で漫画の技法を身につけていた。そんなものだから、知らないこともずいぶんあった。

たとえばスクリーントーンという画材があるのだが、当時のぼくはどうやって使うかまったく知らなかった。例えばモノクロの絵を描くときに、黒と白だけでは生き生きと描けない。当然さまざまな色合いのグレーやグラデーションなどを駆使するのだが、それが、シール状になっていて、絵に貼り付けて、必要な部分をカッターで切り抜くのだと知ったのはずいぶんあとのことで、

「こんな便利なものがあったのか」

と驚いたものである。

そんな試行錯誤を続けながらも、『同棲時代《どうせい》』で有名な上村一夫《かみむらかずお》さんの『怨獄紅《おんごくこう》』などの影響もあり、「ヒューマン」というものに焦点を当てていくようになった。そして、『ハロー張りネズミ』、『人間交差点』を機に、ぼくの漫画はいわゆる社会派漫画として定着し、今日にいたっている。

『ハロー張りネズミ』は、ちっぽけな探偵事務所に席を置く主人公・七瀬五郎《なな せ ご ろう》が、クライアントからのさまざまな依頼を、持ち前のガッツでもって処理していく人情ドラマである。

また、『人間交差点』は、人間のさまざまな側面、境遇を描いたものであり、それまでのぼくの経験や出会いを総動員する短編集となった。原作者・矢島正雄《や じままさ お》さんの深

い人間観察にも学ぶところが多く、ぼくにとって自分の方向性を決定づける、記念すべき作品である（一九八〇年〜一九九〇年、『ビッグコミックオリジナル』に連載）。この作品は、おかげさまで一九八五年、第三〇回小学館漫画賞（一般向け部門）をいただいた。

さて、なんとか漫画で食べていけるようになったぼくは、数人のアシスタントも雇い入れるようになった。そのなかにいたのが、当時、お茶の水女子大の漫研にいた柴門ふみ、現在のぼくのカミさんである。

その頃すでに、アマチュアながら彼女の描く漫画には熱烈なファンがついていて、「ふーみんクラブ」なるものがあったくらいだ。そして、たまたまぼくの職場にやってきた講談社の編集者が、「ふみさん、こんなところにいたの!?」と、彼女を見つけ、デビューさせたという経緯がある。

その後、『P.S. 元気です、俊平』『東京ラブストーリー』『あすなろ白書』などのヒット作を世に送り出しているのは、ご存知の人もいるかと思う。最近は「恋愛漫画の名手」ということで、新聞や雑誌の恋愛相談コーナーなどにも駆り出されている。

カミさんが頭角をあらわしていくかたわらで、ぼくは一九八三年、ライフワークとなる「島耕作シリーズ」の第一弾、『課長・島耕作』の連載をスタートした。主人公・島耕作を課長職にあてたのは、当時、ぼくと同年代の友人らが、課長クラスになっていたからである。

◇政治ものという異色テーマにも挑戦

一九九一年には、『加治隆介の議』という、漫画としては異色な、政治ものにも挑戦しはじめた。

ここでもリアルなキャラクター&状況設定にしようと、数多くの政治家、特に若手政治家に精力的に取材した。たとえば民主党の岡田克也《かつや》さんや前原誠司《まえはらせいじ》さん、自民党の石破茂《いしばしげる》さんなどが挙げられる。いまでは各党・各派の〝看板〟に近い存在の彼らも、ぼくが取材させてもらった当時はばりばりの若手であり、政治への思いを熱く語ってくれたものである。そうした熱意が、加治隆介のキャラクターづくりに大いに影響していった。漫画の導入部、すなわち加治隆介がサラリーマンから政治家へ転身する部分などは、自民党の中川昭一《しょういち》さんが初出馬したときのエピソードを、ほぼそのままトレースさせてもらったりもした。

政治家への取材というと、何か敷居が高そうだが、幸い、漫画が〝仲介〟してくれた。彼ら若手議員にとっては「漫画は日常生活にあって当たり前」。なかには『ハロー張りネズミ』など、ぼくの作品を読んでくれている人もいて、「作者本人が取材にくるの？　そりゃ面白い」と、取材のアポイントメントは比較的とりやすかったように記憶している。

それはともかく、議員一人ひとりは気さくで人柄がよくても、政治という世界はやはりどろどろしたものがある。安倍晋三《しんぞう》さんが体調不良で総理を辞したのは記憶に新しいが、確かに、彼のように育ちがよく生真面目な人にはなかなかしんどい世界に違いない。

◇政治記者の突っ込みにたじろぐ

一方、そういう世界を取材する政治記者も、なかなかどうして、百戦錬磨のつわものが多い。たとえば、彼ら政治記者は、「人の話を聞く」のが商売のようなものなの

に、なかには相手を怒らせ、

「二度と取材に来るな」

とたたき出されてしまう人もいる。

「あなたのそういうお考えが、国民の反発を買っているのではありませんか⁉」

などと鋭く切り返し、「相手が怒って、思わず吐いた本音をつかむ」という戦法らしい。ストレートに切り込んでいく姿勢には敬意を表するが、見ているこちらは冷や冷やしてしまった。

聞くところによると、著名人の中には、一度でも自分の悪口を書いた記者は、二度と取材を許可しないというような人もいるという。一回限りの取材でよいなら、相手を怒らせる作戦もアリかもしれないが、継続的に取材したいとか、良好な関係を築きたいようなときは、とりあえずは相手の意見を傾聴する姿勢でいたほうがよさそうだと肝に銘じたものである。

◇違う仕事で会う人がまた刺激になる

年を経るにつれ、漫画家生活と並行して、なにやら公職を賜ることも増えてきた。

新人漫画賞の審査員や、漫画の著作権について考える「21世紀のコミック作家の著作権を考える会」の役員などは、漫画家ならではの役目だが、松下政経塾評議員や文化放送審議会委員、先に述べた岩国市観光大使や大学の客員教授などというのもあったりする。

そんなこんなで、せわしい毎日ではあるが、ぼくでお役に立てることは引き受けたいし、いろいろな分野の人と出会えるという点では、各所から声を掛けていただけるのはありがたい。とかく漫画家というのは机にへばりついている時間が長く、人と疎遠になりがちである。したがって、人とのコミュニケーション力も衰えやすい。日ごろと違う場に出ていき交流できるのはよい刺激になるし、漫画の構想もわくというものだ。

たとえば文化放送では、月一回放送の「ドコモ団塊倶楽部《だんかいくらぶ》」という番組の司会進行をさせてもらっている。これは二〇〇五年にスタートした番組で、毎回、ぼくと同じ団塊の世代の人を招いて話を聞くというものだ。南こうせつさんを皮切りに、なぎら健壱《けんいち》さん、佐藤B作《びーさく》さん、残間《ざんま》里江子さんなど、そうそうたるゲストにおいでいただだき、昔を振り返ったり、現在の互いの仕事ぶりを評価しあったりし、大いに楽しませてもらっている。

逆に、ぼく自身がゲストとしてお邪魔している番組もある。野村邦丸《くにまる》アナウンサーによる、文化放送「くにまるワイド 午前さま」という番組だ。月～金の朝八時三〇分～一一時三〇分枠の番組で、日替わりでぼくのようなレギュラーゲストが登場し、邦丸さんのトークを補佐している。ぼくは火曜日の担当で、役回りは、そのときどきの社会的トピックについてコメントするというものだ。雑談も含め、小一時間程度だが、毎回、さまざまな刺激を受け漫画のストーリーづくりに役立っているし、邦丸アナにはぼくの漫画にちょいちょい登場してもらってもいる。

◇邦丸アナの自己演出術に感心

邦丸さんは、人から話を聞き出すのが非常にうまい。アナウンサーなのだから、話をしたり人の話を聞いたりするのは、一般の人より上手なのは当然かもしれない。しかし邦丸さんの場合は、自らのキャラクターづくりに工夫している気がする。

ぼくが推測するに、邦丸さんは、自分の太めの体型をうまく利用して、どこにでもいる〝おっちゃん〟風の雰囲気を演出しているようなのだ。恐らく、自分を三枚目におとしめることで、相手に安心感を与えようとしているのだろう。相手をリラックスさせて心を開かせ、その懐にぽんと入り込んでしまうタイプのインタビュアーだと思う。

そんな邦丸さんだから、取材相手からも受けがよい。彼が文化放送ライオンズナイターの実況アナウンサーをしていたころは、解説者で西武ライオンズの元監督・東《ひがし》尾《お》修《おさむ》さんにずいぶんと可愛がられたというエピソードがあるが、「さもありなん」とうなずける。

邦丸さんの姿勢を見ていると、たしかに第一印象は大事で、相手に警戒心を抱かせないこと、親しみやすさを感じさせることは、その後の話の展開に大きく影響するように思う。

同じアナウンサーでも、赤坂泰彦《やすひこ》さんのように、「声がよく、しかも俳優までこなせるくらいの二枚目」という人もいる。リスナーの立場では、滑らかで声質のよいトークは聞きやすいが、そのアナウンサーを目の前にして話す立場になると話は別だ。ぼくは赤坂さんのように流暢にしゃべれないし、しかも赤坂さんのように二枚目でもない。だから、圧倒されてなかなか舌が滑らかにならない、固まってしまってしゃべれない、という状況になる場合があるように思うのだが、これはもてない男のやっかみであろうか。

◇『まっぴら君』とは路線が違うよ〜

ぼくの日常はすっかり多忙と化してしまったが、仕事の合間を縫ってゴルフに行く時間はつくっている。もちろんゴルフが好きだから無理してでも時間をつくるのだが、それに加えて、見知らぬ人との出会いを求めてゴルフコースに出るという意味あいもある。

ぼくは埼玉県西部にある某ゴルフクラブのメンバーである。このゴルフ場はシンプルな林間コースなのだが、要所要所にバンカーと池があり、なかなかあなどれない難易度の高いレイアウトとなっている。コースもさることながら、このクラブは予約なしで行ってもラウンドできるところが気に入っている。ぼくは何事も凝るほうだから、自分の技能を磨くことはもちろん、ゴルフそのものを徹底的に知ろうとする。それが高じて『紅い芝生』というゴルフ漫画まで描いてしまったくらいだ。

それはともかく、このゴルフクラブに行くと、しばしばぼくは年少者の立場になる。クラブ内を行き交う会員を見ていると、その平均年齢は六〇～七〇歳ではなかろうかと思われる。ぼくなどはまさに「ひよっこ」会員であり、かなりの確率で年長者たちとラウンドすることになる。

一緒にラウンドする年長者にとって、ぼくのような若造は「どこの馬の骨だかわからない」といった存在に過ぎない。だから、入会したばかりのころは、ぼくの仕事もあまりわかってもらえなかった。たとえば、

「君、仕事は？」

「漫画家なんです」

「あ、漫画家。うちのメンバーの加藤くん（加藤芳郎《よしろう》・故人）や小島くん（小島功《こう》）を目指しているんだね。早く彼らのようになれたらいいね」

ぼくは内心、「いや、加藤先生とも小島先生とも路線が違うんだけど～」と苦笑しつつも、年長者がイメージする漫画というものが理解できた気がし、

「は、ありがとうございます」
などと殊勝に応えたものである。

◇クラブのママたちも勉強している

近ごろは足が遠のいているが、以前は仕事先の人たちと銀座のクラブへよく通った。ぼく個人の行き着けの店というのはないが、出版界の人間が行く店というのはだいたい決まっていて、それが行き着けの店といえばいえるかもしれない。ほかにも、プロ野球の選手が行く店、テレビ局関係者が行く店など、〝夜の街〟というのは業界ごとにだいたい色分けされている。したがって店側も、会話が弾むよう、客層に合わせてよく勉強している。

銀座や、大阪・北新地界隈のクラブは、ビジネスマン客が多い。そこで、ママたちは、店に出る前に新聞各紙に目を通していると聞く。確かに、客人たちがM&Aの話をしている脇で、

「M&Aって、なぁに?」

ではまずいだろう。少なくとも、現在の大臣や財界トップの名前くらいは知ってお

かねば話についていけないし、組閣などが行なわれた日には、新閣僚の経歴を熟読して仕事に臨まねばなるまい。

出版界の人間がよく行く店では、ママもホステスたちも本をよく読んでいる。ぼくのような漫画家やその編集者が行く店では、当然、漫画の知識を仕込んである。リラックスした雰囲気で、女性がぼくの漫画をどんな風に見ているのか聞くことができるのは、とても嬉しいものである。もっとも、ビジネスマン相手の銀座や北新地のママたちに比べれば、ぼくら漫画業界の人間を相手にしているママたちは、勉強するのもずいぶんと楽であろう…、などと言ったら怒られるだろうか。

◇ママたちの顧客獲得のテクニック

さて、クラブのママたちを見ていて感心させられるのは、客を覚えるのが上手だということだ。彼女らは、初めて来た客でも、即座にその顔と名前を覚えてしまい、次回に顔を出した際に、当の本人を驚かせる。

「○○会社の○○さんでしたよね。○○のお話をされていた…」

といった具合である。ぼくの場合は〝プチ著名人〟の範疇《はんちゅう》に入るだろうから、覚えやすいのかもしれないが、ごく普通のお客さんでも一度でその名前と顔を覚えてしまう。これはすごいと思う。

ぼくら客側にしてみれば、

「一回しか来てないのに、自分のことをこんなに覚えていてくれる」

と気をよくし、

「これからも通おうかな」

と思うようになる。

以前、どうしたらそういうことができるのか聞いてみたことがある。曰く、

「いただいた名刺の裏に、来店の日時、その人の特徴や話したトピックをメモしておくこと」

名刺は一日に何枚ももらうだろうが…。名刺にその人の特徴をメモしておく、その

「メモをとる」という作業自体に、情報をインプットする作用があるのではないかとぼくは思う。

顔と名前を覚えるというのは、シンプルなことだが、相手を非常に気分よくする。最低限の礼儀という意味でも、誰もが心がけておく必要があろう。ただし、「本間さん」を「本田さん」とか、ビミョーに間違えたりすると、せっかくの努力・心遣いもおじゃんである。気分よくさせるどころか、

「誰の話をしてるんだよ！」

と、相手は一気に冷めてしまうことだろう。

「島耕作シリーズ」には、典子ママという、耕作と長年、親交をもつキャラクターが出てくる。お客の名前を覚えるのが得意な彼女は、店を立ち上げるたびに成功するのだが、これは実際のクラブのママたちの話をもとにしている。

◇そしてぼくと耕作は還暦を迎えた

さて、六〇歳を迎えたぼくがどういう生活をしているかというと、〝完全朝型〟で

ある。

漫画家の仕事はきわめて不規則である。とにかく依頼されたものを〆切日までには、何が何でも仕上げなければならない。当然徹夜もする。夜はまわりも静かで、電話もかかってこないので、とにかく集中できて仕事がはかどる。そしていつの間にか昼と夜が逆転する。これが常習化して、以前は、周囲が想像するとおり、夕方から仕事モードに入っていき、明け方まで描くという生活だった。朝のワイドショーを晩酌ならぬ〝朝酌〟で見ながら眠りにつくという具合。

おかげで、娘の学童期には、

「うちの父は、朝、お酒を飲んでいます」

などという作文を書かれてしまった。

しかし、島耕作がそうであるように、ぼくも五〇歳を超えた頃から健康に気をつかうようになった。「旨いものを食いたい」と、仕事場でも毎日、アシスタントと手作りの夕食をとっているが、脂肪やカロリーには随分配慮するようになった。なにより、朝から仕事をはじめ、遅くとも夜中の一二時には自宅に帰るという習慣をつけた。

ぼくの一日はこうである。朝は八時前には起き、車を運転してファミリーレストランへ行く。漫画のストーリーを考えたりネーム（登場人物の語る台詞《せりふ》）作りをしたりするためだ。パソコンやらファックスやらが林立する仕事場では、いろいろな連絡が入ってくるし、アシスタントもいるので、「落ち着いて考える」という作業に集中できないからだ。

仕事場へ行くのはだいたい昼を回ってからで、伝言やメールなどをチェックし対応していると、三時くらいにはなってしまう。だから、それからがアシスタントとの共同戦線の時間となる。

仕事場では、夜一〇時、一一時まで、机にかじりつく。そのため夕飯の買い出しが、その間の唯一の息抜きとなっている。夕飯は、輪番制でアシスタントに作らせているのだが、メニュー決めと買い出しはぼくの係である。

料理が好きで、自分でも作るのだが、こう忙しくてはなかなか時間がとれない。好きな食べ歩きもままならない。しかし、旨いものは食いたい。したがって夕飯は、一日のうちでグルメができる貴重なものとなる。そんなわけで、日暮れともなると、嬉々《きき》として近所のスーパーへと出かけることになる。道々、「今日は何にしよう」など思案していると、頭もリフレッショするから面白い。

調理じたいは、アシスタントに手ほどきして作らせる。ぼくは、漫画の指導はあまりしないが、料理指導だけはマメに行なう。だから、ぼくのアシスタントになりたいという人は、「料理の腕は磨けるが、漫画のほうは独学でやらねばならない」と心得ておいてほしい。

アシスタントらと賑《にぎ》やかに夕飯を堪能したあとは、再び仕事に没頭する。そして一二時前後に帰宅となるわけだが、このあとに実は「至福の時」が待っている。DVDで映画を観ながらワイングラスを傾けるのだ。そして心地よく眠りについていくことになる――。

◇ぼくらの「今後」は未定である

長々と綴ってきたが、これが島耕作の下地となったぼくの半生である。

社会派漫画などと呼ばれているが、確かにぼくの漫画は、現実をリアルに切り取ったものである。そして、ぼくの作品である以上、登場人物の言動には嫌でもぼくの考え方が影響を与える。その最たるものが「島耕作シリーズ」だ。

一九八三年からいまに続くこのシリーズは、主人公・島耕作をぼくと同い年に設定し――実は誕生日も出身地もぼくと同じに設定している――、その時々の世相・社会経済を忠実にトレースするかたちで構成している。つまり耕作が生まれ育った時代背景は、ぼくのそれと重なっているわけで、彼はずっと、ぼくとともに同時代を生きてきた。そして耕作のキャラクターには、ぼくが人間的魅力と考える要素を盛り込んでいる。「聞き上手」もそのひとつだ。このことについては後述するが、とにもかくにも、耕作にはぼくの人間観が投影されている。

さて、耕作はいま、経営者として活躍中だが、この先はどうなるかわからない。さらにバリバリ働くことになるかもしれない。けれども、作者のぼくが、

「そろそろ仕事より余暇活動に力を入れるか」

と考えるようになれば、彼も現役を引退し、ボランティア活動などを始めるかもしれない。耕作の「これから」は、ぼくと同様、未定なのである。

第3章

ぼく流「聞き上手」になるために

現代人はなぜ「聞き下手」なのだろう

「聞く」ことは、良好な人間関係を築くうえで、重要な技術であり要素だと思う。しかし、「ひきこもり」の社会問題化が示すように、ぼくら現代人は、人とコミュニケートすることそのものが下手になっているようだ。なぜなのだろう。

◇むしろ、人の顔色をうかがえ

近ごろの若者は、他人とのコミュニケーションが苦手だという。会話していても、「相手の目を見て話せない」という声をよく耳にする。恐らく、パソコンやテレビゲームなどに熱中し、生身の人間とのやりとりが乏しい子ども時代を過ごしてきた人が多くなったためだろう。

「昔はよかった」などと言うつもりは毛頭ないが、子ども同士の接触が密だったという点では、いい環境だったのではないかと思うことがある。ぼくが子どもの頃は、家にいても遊ぶものがなくつまらないから、みんな外へ出て行った。そしてそこには、怖いガキ大将を頂点に、彼に仕える子分や腰巾着《こしぎんちゃく》、使いっぱしりばかりさせられる下っ端など、子どもなりのヒエラルヒーというものがあった。そうしたなかで互いの上下関係・力関係を理解し、

「いま、こんなことを言ったら怒り出すだろうな」

「こんなことしたら、ぶん殴られるかも」

といった、微妙な雰囲気や人間関係を体得していたのではなかったか。こういう、「人の顔色をうかがう技術」は、幼少からの訓練が大事で、「大人になったから」「社会人になったから」といって、一朝一夕に身につくものではない。

これはいじめにも通じている。かつては、子ども同士のけんかで、互いに殴り殴られすることで、パンチを食らうとどれだけ痛いか、身をもって覚えた。そういう経験が、「弱い子や小さな子には手加減をする」ということにつながっていった。

ところが近ごろは、「手加減」ということがわからない子どもが多く、相手に過剰のダメージを負わせるまで殴り続けたりする。テレビゲームなどの影響で、どれだけダメージを与えても、あるいは相手を殺しても、「リセット」ができると思っている

のかもしれない。

子どもの遊び方が変わったことで、子ども社会が衰退し、人とのコミュニケーション能力を身につけられずに成長する人が増えているように思えてならない。

◇漫画家も〝危ない〟職業

職業がその人のコミュニケーション力に影響するということもある。職業柄、「人と接することが少ない」「仕事中は沈黙を強いられる」という毎日を過ごしている人も少なくないと思う。かく言う漫画家など、まさにそうで、漫画家というのは一日の多くを机に向かって過ごしている。ヘタすれば、

「丸一日、人と口をきかずに終わってしまった」

なんていうことも少なくない。また、漫画は実力の世界なので、極端な話、面白いものを描いていれば、変人でも性格が悪くても許されるというところがある。

けれども、外界とまったく接触せずに生きていけるはずもなく、やはり多かれ少なかれ、社会との接点はある。そのとき、他者とうまくコミュニケートできなければ相手を不快にするし、自分もしんどい。ぼくの場合は、三年間とはいえ、サラリーマン

生活を経験したのが非常に役立っており、また、元来が人好きなので、漫画家になったいまも、人と積極的に交流するようにしている。つくづく、
「よかった、人付き合いが苦手でなくて」
と思う。

◇目指せ、名キャッチャー

ともあれ、「コミュニケーションが苦手」と嘆いているだけでは始まらない。現実を踏まえ、うまく付き合っていけるようにしていきたい。

コミュニケーションにおいては、「私は話すのが苦手だから、人を楽しませることができない」などという声をよく耳にする。確かに「話すこと」、それも人をぐいぐい引き付けるような魅力ある話をするのはとても難しい。しかし、講義や演説などの独り舞台ならいざ知らず、雑談から商談にいたるまで、日常のコミュニケーションにおいては、むしろ「聞く」ことのほうが重要ではなかろうか。

会話はしばしばキャッチボールにたとえられる。対等の立場でテンポよく、上手にボール（話）を投げ合えば、相手も自分も楽しい。気の置けない友人などとの冗談ま

じりの会話がまさにそうであろう。

しかし多くの会話は、互いがピッチャー（話し手）になったりキャッチャー（聞き手）になったりして進行する。ピッチャーはさまざまな球種を投げ込んでくるが、キャッチャーがそれを捕球できなければキャッチボール（会話）はうまく続かない。優れたキャッチャーであれば、受け身の捕球ばかりでなく、上手にリードすることで、ピッチャーにさまざまな球種を投げさせることができる。そしてピッチャーは、自分のことを理解し、しかも自分の能力を引き出してくれるキャッチャーに全幅の信頼を置くようになる。ピッチャーが気持ちよく投げ込めるキャッチャー、これが「聞き上手」であり、コミュニケーションの上手な人だろうと思う。

◇会えばわかる、「バカ」と「バカ〜ン」

パソコンや携帯電話が普及した。例に漏れず、ぼくの仕事場にもパソコンが置かれ、電話やファックスに替わって、その使用頻度を高めている。一般企業でも、取引先とはもちろん、社内でもメールでやりとりすることが多くなっているようだ。

メールは確かに便利だし、その存在を否定するつもりはない。しかし、人間関係を良好に保つには、直接会って話すことが大事だし、「ここぞ」という大事な局面では特にそうではなかろうか。

それが証拠に、ビジネスの場では、取引先とトラブルが生じたとき、相手を怒らせてしまったときなど、

「取るものもとりあえず、相手先に足を運ぶ」

というのが良策とされる。なぜか。面と向かっての会話には、表情やしぐさ、声のトーンなど、言葉以外のさまざまな情報・メッセージがある。人は、それらを総合して、互いの意図・真意を理解していく。

だから、誠意ある態度を見せるには、直接会って話すのが最も効果的なのだと思う。実際のところ、どれだけ激怒していても、面と向かって話をするうちに、怒りが収まるということは少なくない。また、書面や電話では怒りを爆発させても、目の前にいる人間に向かってストレートに怒りをぶつけるのは、案外できないことなのだ。

しかし、メールという間接的なコミュニケーションは、誤解を招きやすいので注

意すべきではないかと考える。周知のごとく、メールは人工の文字だけでやりとりするツールである。音声も相手の表情もわからない。そのため、送信者と受信者の間で〝すれ違い〟が生じることが少なくない。「バカ」という字面を見たとき、本当に侮辱《ぶべつ》の意味で相手はそう書き送ったのか、親愛の情をこめてなのか、はたまた「バカ～ン」と色っぽいニュアンスが含まれているのか――。

送信者の状況や声音が不明なため、その真意がわかりづらい。それがために、プライベートでもビジネスの場でも、メールでのやりとりで誤解を生じ、めんどうなことになったという話をあちこちで耳にする。若者を中心に、いわゆる絵文字を文中に挿入するというメールの手法も、無意識ながら、こうした誤解を回避しようという工夫なのかもしれない。

ともあれ、メールを活用しつつも、

「直接会って話すに勝るコミュニケーションはない」

と心得ておくべきであろう。

相手の舌を滑らかにする話し方

「聞き上手」は、なにもアナウンサーや接客業など、いわゆるプロの修行を積まずとも、ちょっとした心がけでなれるのではなかろうか。ぼくも人に教えるほど確たるものをもっているわけではないが、それでも人と話すときに注意していることがある。日ごろ心がけていることのいくつかをご紹介しよう。

◇「人は話したがり屋」と心得よう

まず、

「人間は自分のことにいちばん興味があり、自分のことを周囲に話したがるものなのだ」

ということを知っておく必要がある。

仕事のこと、健康状態、家族の様子など、人が日ごろ最も気にかけているのは、自分および身近で親しい人間のことであるのは当然だと思う。だから、年賀状にも、こちらがあずかり知らぬ家族の写真を印刷してくるし、運動会では自分の子どもを主役にビデオを回したりもするのだ。

けれども、聞き手の立場になると、そうした内輪のことを、ことさらに聞かされるのはけっこうつらいものがある。特に身内の自慢話は、本人には重要なことでありヒートアップする話題かもしれないが、話題の主と面識でもなければ聞く側にとってはしんどいものがある。

たとえば、酒の席などでみんなでわいわいやっている最中、

「じつはうちのせがれが東大に合格してね〜」

などと、身内の話を始める人がいる。身内の話をして、悪いことはなんにもない。けれども、場の空気にそぐわない場合は、周りはいささか戸惑ってしまう。また、得てしてそういう身内の話、ことに自慢話となると長引きがちなのが困るのだ。話し手がお得意さんだったりすれば、周囲は気を遣って、

「はぁ、はぁ。それはすごい」

などと、ひたすら平身低頭で聞き役に回るはめになる。——こうなってくると、次

に酒宴を計画するとき、「あの人は呼びたくないねぇ」などと敬遠したくもなってこよう。

人は皆、「話したがり屋」「自分のことを聞いてもらいたがり屋」である。このことを心得たうえでうまく対応していきたいし、自分が話し手になったときは、自慢話や身内の話は極力、抑え気味にするのが無難だろう。

◇「押し」より「引き」が大切

対人関係では、「謙虚」「控えめ」も大事な態度だと思っている。

たとえば、一代で会社を築き上げた、いわゆるワンマン社長などは、得てして「自己主張型」になりやすい。自信があるせいか、人の話に耳を貸さない傾向にある。自信あふれた物言いは、頼もしいものではあるが、過剰になると周りの人に威圧感を与えたり嫌味に映ったりしてしまう。会話も一方的なものになっていきがちになり、これでは同席者たちは楽しめなくなってしまう。

それに比べ、

「自分はこう信じているが、人の意見にも耳を貸そう」

「なるほど、いろんな考え方があるものだ」

と、一歩引いて考えられる人は幸いだと思う。そしてそうした謙虚さが、「聞き上手」につながっていくのではないだろうか。

ぼくの場合は、年上の人と会話するときは、「でしゃばらない」ようにしている。

「私はこういう仕事をしていますが、あなたは？」

「最近の自民党をどう思われますか？」

みたいに、こっちから話を振るのではなく、相手が提示していくる話題に乗る。もちろん、相手が、

「仕事は何をしているの？」

「君はどう思う？」

と振ってきたら応じるし、会話の輪に入らないというわけではない。ただ、自分がリーダー然として会話を進めていくのは慎もうと思っている。話の主導権を譲ることで相手が気持ちよく話せるのではないかと考えるからだ。特に年長者や初対面の人との会話では、あまりしゃしゃり出ると心証を悪くすると思う。

◇誰に対しても丁寧な言葉づかいをしよう

「正しい敬語を使わねばならぬ！」などと仰々しく考えているわけではないが、また、ぼく自身、「正しい敬語」など使う自信もないが、年上の人間には丁寧な物言いをするべきだとは強く思っている。特に、初対面の人に対し、あまりにくだけた言い方をするのは失礼である。介護施設などで、「孫ほども年下のスタッフが、入所者に対し、子どもに対するときのような言葉づかいで接するのは失礼だ」と、スタッフの言葉づかいを見直すところが増えていると聞く。やはり年上の人にはそれなりの敬意を払うべきだと、多くの人が感じているようだ。

60年代の名ボクサー、矢尾板貞雄《やおいたさだお》や坂本春夫の試合を目にして以来、大のボクシングファンであるぼくが、亀田兄弟にはよい印象をもっていないのも、彼らのぞんざいな物言いにある。若さゆえの思慮不足と言ってしまえばそれまでだが、リング上で闘志をむき出すのは当然なものの、リングを離れたら相手に敬意を払うべきだと思う。特にボクシングのような格闘技においては、相手への礼儀を忘れたら、スポーツではなく単なるけんかになってしまう。

また、彼らはあの物言いで、ずいぶんソンをしているようにも思える。もっとも、試合中に反則プレイをしたことが大きな波紋を呼んだ次男・大毅《だいき》だが、もし反省しているのなら、若いのだから、ぜひ再起してほしいものである。

テレビのお笑い番組やバラエティ番組も、受けをねらってだろうが、年配者への非礼が目立って閉口することがある。非礼を受けた当人は、表面上は大人の対応でやり過ごすだろうが、内心ムッとしているはずである。どうも、品のない番組が増えてきているようで、残念である。

横柄な態度、非礼な言葉づかいは、年配から年下に対して、あるいは外国人に対しても見られる。前述したように、ぼくはよくファミリーレストランで仕事をするのだが、ときどき、

「こちらは客だ。客は神様だ」

とばかりに、店員に非常に横柄な物言いをしたり、誰が聞いても明らかに理不尽な要求をしている人を見かける。あるいは、いわゆる開発途上国と呼ばれる国々に行くと、現地の人を見下したかのような態度をとる日本人と出会うことがある。こんなときは、見ていてとにかく不愉快になる。一体何様なんだろうと思ってしまう。そして

こういう人間たちに限って、格式高いレストランや欧米先進国に行くと、妙に卑屈に振舞ったりするものなのだ。

「言葉づかいに気をつける」

相手がどういう人であれ、けんかしたいのでなければ、最低限の礼儀に努めるべきであろうし、言葉づかいでいえば敬語や丁寧語を使わなければいけないと思う。相手に気持ちよく話してもらおうとするなら、なおさらである。

◇いやな奴ほど「おもしろい・味がある」かもしれない

人気者であれ他者から疎《うと》まれている人であれ、あるいは自分とはかけ離れた世界に生きている人であれ、ぼくは興味を持った人には、割合、ためらわずに近寄っていくたちのようである。そしてぼくの経験から言えば、こうした好奇心、

「この人はどういう人なんだろう」

と相手に興味を持つことが、人と交流していくうえで、すごく大事なことではないかと考える。

気の合う仲間とだけつきあっていれば、人生楽かもしれないが、世の中そうはいか

ない。特に仕事上の付き合いでは、

「仕事もできないのに部下に文句ばかり言う上司」

「性格が悪い奴」

など、日々、顔を付き合わせるのもしんどくなる人間も少なくないかもしれない。

そういうとき、得てして「この人には近づかないようにしよう」と〝敬遠策〟をとりがちだ。けれども、そういう「嫌な奴」にも、探せば必ず「よいところ」があるのではないだろうか。一見、無愛想な人、感じの悪そうな人でも、何度も接しているうちに、

「え、君って意外な面があるんだね」

と打ち解けていったという経験は、誰でもがもっているはずなのだから。

仮に「よいところ」が見つからなければ、

「こういう部分が、この人が嫌われる原因なのだな」

「嫌な奴だが、社会的に認められているからには、何か人より秀でたものをもっているに違いない。それは何だろう」

と、反面教師にしたり相手の強みを盗んだりすればよいと思う。

◇目上には相談、目下には質問をしよう

上司や年長者へは、「意見を聞かせてください」と、相談するような姿勢で臨むのがよいと思う。

「この書類の書き方を教えていただけますか」

「駅までご一緒していいですか」

など、下手《したて》に出て話しかける。

前述したように、ぼくの経験では、部下や年少者のそうしたアプローチをむげに拒む人はまずいない。はじめは怪訝《けげん》そうにされても、何度か話しかけていくうちに、相手も、

「あいつはしょっちゅう俺のところにやって来る。俺を気に入っているのかもしれないな」

と心を開いてくれるようになる。そして交流が進めば、自分の考えや情報、さまざまな蘊蓄《うんちく》を伝授してくれるようになったりもする。

初対面の人にも、下手に出ることでうまくいくことが多い。卑近な例を出せば、

ふらりと立ち寄った初めてのレストランなどで、「いらっしゃいませ」のひとつもなく、

「一見さんは嫌よ」

とばかり、しら〜っと迎えられることがある。こういうとき、「回れ右」で出ていってしまう人もいれば、「なんて無礼な態度」という思いを全身から発信しつつ入店する人もいるだろう。ぼくの場合は、

「あ、予約してないんですが、よろしいでしょうか」

みたいに、腰を低〜くして尋ねてみる。たいがいこれでうまくいってしまう。そして席に案内されてからは店の雰囲気を読み、徐々に店の人との会話の糸口を探り出す。その場の空気がよくなれば、出された料理もさらに美味しく食べられるというものだ。

さて、相手が年下である場合はどうか。先方は目上の人間を前にして、構えていたり、どう声をかけてよいかわからずにいたりすることが多いと思う。そういうときは年上の自分のほうから、趣味を聞いたり天候の話をしたりして、その場の緊張感を和

らげるようにしたいものである。それでなくても、いまの若者は「人付き合いが苦手」という人が多い。後述するように、上手に質問していって、相手の舌を滑らかにしてあげたい。

◇相手のタブーに触れてはいけない

近頃、女性の間では、子どもがいない・できない既婚女性に対し、

「赤ちゃんは、まだ？」

といった問いかけはタブー視されつつあると聞いた。なるほどと思う。子どもをつくらない人はまだしも、「欲しいが、できない」という人には、「赤ちゃんは？」は残酷な問いかけに違いない。「長男の嫁」などは、いまだに後継ぎを期待され、プレッシャーを感じている人が多いとも聞く。親だけでなく友人知人からも「赤ちゃんは？」と言われては、これはしんどいことであろう。


それはともかく、相手が嫌がりそうな話題というのは、付き合っていくうちにわかってくる。そういうものを察知したら、以降は本人が口にしない限り、その話題に触れないようにするのが礼儀ではないかと思う。

とはいっても、初対面の人に対しては、どんな話題がタブーかはわからない。たとえば、ぼくくらいの年になると誰でもひとつやふたつ、持病をもっている。だから、

「この頃、血圧が高めで」

「それくらい、まだまだ。私などは…」

と、〝病気自慢〟も盛り上がる話題のひとつである。しかし、もし相手の家族などが深刻な病気を抱えていたりすれば、相手の顔をこわばらせることにもなりかねない。

こうした「思わぬ失言」を回避するには、次に述べるように、相手の経歴を下調べしておくことだ。また、経歴から相手が関心をもちそうな話題も推測でき、話に詰まったときに活きてくる。

◇あなたに興味をもっていますよ、とさらりと伝えよう

取材される立場から言うと、初対面でありながら、ぼくの舌を滑らかにしてくれる人は共通して、下調べをして来ていることがわかる。いまは、ぼくくらいのプチ著名人でも、プロフィールなど、ある程度の経歴は簡単に入手できるはずだ。そういう作

業を怠って、〝真っ白な状態〟で取材に来る人もいるが、正直言って、そういう人には話がしづらい。極端な話、

「え⁉　弘兼さんは、大学で漫研にいたんですか。知りませんでした」

なんて言われると、

「ああ、取材に来ているのに、ぼくのことを何も調べていないんだな」

と、少々興ざめ気分になるし、自己紹介から始めなければならないのかと、しんどく感じてしまう。

人から話を聞き出すには、相手に興味を持っていることを示し、相手の気分をほぐすことが大事だと思う。大事な商談相手や取材先であったりすればなおさらで、そのためには下調べをしておく必要がある。そうすれば、

「お、俺のことをよく調べてあるな」

「俺に興味をもっているな」

と相手の心証をよくし、舌を滑らかにすることにつながると思う。

ぼくの場合は、趣味などについて聞いてくれると、饒舌になる傾向がある。上手なインタビュアーになると、ワインとかゴルフの話をぽんぽん挟むことで、ぼくの舌を

滑らかにする。

「今年のボージョレーはもう試されましたか?」

「最近、南米産のワインがフランス産を押しているようですが、どう思いますか?」

などと振ってこられると、好きな分野だけに、こちらもついつい調子に乗って蘊蓄《うんちく》を披露してしまう。そういうふうに、こちらの舌を滑らかにしておいて、「もののついでに」という感じで、当人にとって必要な情報を引き出していくのである。うまいものだ。


ぼく自身は、食べ歩きに行くときにしばしば下調べをする。ぼくは足を運んだ店のカウンターで料理人の包丁さばきを見たり、いわれや素材の選び方など料理の蘊蓄を知ったりすることが大好きだ。プロの料理人からいろいろ話を聞き出すのを楽しみにしている。

大抵はネット検索程度の下調べで事足りるのだが、なかにはプライドの高い、いわゆる職人気質の頑固な料理人もいる。そういう人の店に足を運ぶときは、こちらも気を引き締めてかからなくてはいけない。

たとえば、時価の寿司ネタを扱う一流どころの寿司職人に、

「とりあえず、トロね」

などと注文しようものなら、鼻白まれてしまうことがある。あるいは、そういうところでは、握って出された寿司はものの一〇秒のうちにほおばるべきであって、同伴者との会話に熱中し何分も置きっぱなしにしていると、目の前の寿司職人は確実に不機嫌になっていく。そういう相手に、

「このイクラはどこ産？」

なんて聞いたところで、誠意ある返答は期待できない。

逆に、こちらがそこそこの知識を持っているとわかれば、相手もだんだん真剣に相手をしてくれるようになる。そもそも、ぼくらは誰かに自分の知識を伝授しようとするとき、相手のレベルに合わせようとするのではなかろうか。質問者のレベルが低ければ、語る内容も底の浅いものにしかならない。けれども、相手が自分の世界にある程度の知識・興味を持っているとわかれば、やはり気分はよくなり、「もっと教えてやろう」という気になっていくと思う。

◇下調べは信頼性の高い資料で

下調べは大事である。しかし、心しておかねばならないのは、「下調べは信頼性の高い資料で行なわねばならない」ということである。

ラジオで「ドコモ団塊倶楽部」という番組の司会進行をしていると述べたが、ゲストの下調べは番組スタッフが行ない、ぼくは放送前にその資料に目を通す、というかたちになっている。ところがある日、下調べがまったく違っていて、暗中模索の状態で本番に入ったことがある。どうもインターネット上のいい加減なサイトから情報をとったらしく、本番前の顔合わせで、ゲスト本人から、

「それはまったく違う」

と指摘されてしまったのだ。確かだと思っていたネタがなくなり、番組で何をテーマに話したらよいか、このときは非常に焦ったことを覚えている。

ぼくの経歴についても、あるサイトではずいぶんいい加減な記述があった。「早稲田大学第二（夜間）法学部卒業」。しかも「青年漫画専攻」となっていたのだ。ぼくは昼間部卒だし、法学部に漫画専攻があるなんて聞いたことがない。さらには「元・

革マルの活動家」というおまけがついていた。ぼくは決して〝左〟ではなかったはずだが…。

インターネットで情報入手をする場合は、確かなサイトを選ばなければいけないし、ネットは「書き放題」の媒体であることをよくよく肝に銘じておく必要があると思う。さもなくば、前述のごとく、

「土壇場になって、ぼくや番組スタッフは大慌て。呼ばれたゲストは不機嫌」ということになりかねない。

◇その場の空気を読めない人は困りもの

周囲の人間が共有しにくい話、自分あるいはひと握りの人間だけしか楽しめない話を延々と続けるというのは、周りの人にとっては非常にしんどいものである。たとえば、いくらぼくがワイン好きだからといって、誰にでもワインの話をするわけではない。もっぱら、ワイン仲間の集まりや試飲会でのことであって、普通は進んでそんな話はしない。やはり会話は、その場の空気にふさわしいものにしていくのがエチケットだと考える。

ただ残念ながら、酒が入って酔っ払ってくると、判断力が低下し、場の空気を読むことが難しくなってくる。ぼくも例外ではないだろう。だから、一次会で慇懃《いんぎん》だった人が、二次会、三次会と杯を重ねるに従って、グチをこぼし始めたり攻撃的な口調になったりするのも、酔いのせいとはいえる。だから、ある意味、酒の席でのことは無礼講と割り切ったほうがいいのかもしれない。そういう点では、下戸《げこ》は、酒の席でもスタンスを変えずにいられ、うらやましく思うときがある。

ところが、しらふでも、その場の空気を読めない人間が世の中にはいるわけで、これはいささか困りものだ。

たとえば、長引く会議に、うんざりした空気が漂っているとする。見渡せば、ちらちら時計に目をやる者、これ見よがしにトントンと会議資料をまとめ始める者など、明らかに「早く終わらせよう」という空気が蔓延《まんえん》している。そして司会者の、

「ほかに何かなければ、これで会議を終わりにします」

との発言に、その場の空気が弛緩する。と、そんなとき、

「先ほどの件ですが」

などと言い出す人間がたまにいるのだ。そして周りのうんざりした視線に気づきもせず、先ほどまでの議論を蒸し返したりする。

また、場の空気が読めない人間には、「話したがり屋」が少なくない。周りの人間や状況を考えず、一人ペラペラしゃべっていたりする。ぼくなどはそういうとき、

「お前の話はつまんない。もう止めろ」

「それ、オチはあるのか？」

などと茶々を入れてやめさせることがある。もっとも、ごく親しい仲間内での集まりのときに限られはするのだが。

場の空気を読むとは、相手あるいは周囲の人間の様子や心理を察することだと思う。そして、自分のことはとりあえず置いておき、相手が楽しめる・快適に過ごせるように、と考える。幾人かでわいわい話しているときに、一人、話の輪に入れない人がいたら、「君はどう思う？」と話を振ったりして、話のなかに入れてあげる。「聞き上手」はそういうことができる人ではなかろうか。

◇時間厳守で相手の信頼を勝ち取る

世の中には「待ち合わせに必ずや遅れてくる」という人間がいる。そういう人は、嫌われずとも、「あいつのことだから、どうせまた遅れてくる」というイメージが定着し、あてにされなくなる。

ぼくもアシスタントには常々、「締め切り厳守」と言っている。「約束事を守る」という姿勢は、その人の信頼度に少なからず影響すると思うからだ。永田町の政治家たちに取材していた頃、このことを改めて感じた。

取材を始めたばかりの頃、相手が相手だけに、ぼく個人がアポイントメントを取るのは難しいだろうと、政治記者を介して取材していた。ところが、記者に同行していくと、どうも胡散臭《うさんくさ》い顔をされる。なぜか。

政治記者というのは、少しでも多くのことを聞き出したいせいか、「三〇分」とか「一時間」といった当初の約束時間が来ても、粘ろうとする性質があるようなのだ。誘拐犯からの電話を逆探知する際、電話を切られないよう、時間稼ぎをしようとするのに似ていなくもない。

政治家のほうも、記者のそうした姿勢を経験的に知っているから、同行するぼくに対しても警戒心を抱いていたふしがある。そして政治記者自身は、そういうことにどうも無頓着、あるいは、あえて気づかないふうを装っているようだった。

ところがぼくの場合は、

「約束の時間が来たら、話の途中であっても取材を切り上げる」

という姿勢を貫いていた。なぜなら、ぼく自身が取材を受ける場合、約束の時間になっても延々インタビューを受けるというのは嫌なものだからだ。その後の予定が気になって、話に集中できなくなるということもある。

そういう「時間厳守」の態度が評価されたらしく、徐々に、ぼく個人に対して「取材OK」が出るようになった。だから、後半の取材はぼく一人で行くことが多くなった。

やはり、相手に気持ちよく話をしてもらうには、「約束事を守る」ということが大事なんだなと思った。そしてそういう積み重ねが、相手の信頼を得ていき、ときには「他言無用」「ここだけの話」といった、あまり人に知られたくないこと、非公開情報などを引き出すことにもつながっていくのだろう。

◇異論・反論を言うときはやんわりと

「聞き上手」な人は、話し手の心証を害さないよう、気を配っているように思う。引き続き、政治記者を例にとると、ぼくが見るところ、彼らには「相手を怒らせるタイプ」と「相手をうまく乗せるタイプ」とがあるようだ。

前者は、

「そうおっしゃいますが、あなたの方針は、国民の意見を無視してはいませんか」

みたいに、相手の考えを否定したり異議を唱えたりすることで、相手の失言や怒りを引き出し、その言質を取るというやり方である。後者は、とりあえず相手の考えを好きなようにしゃべらせ、あとでやんわりと、

「そうでない場合はどうするのでしょうか？」

といった聞き方で反論するやり方。

テクニックとしては、前者は、ある種、正当なやり方といえるのだが、

「もうあいつの取材は受けない」

と相手から嫌われるので、「次の取材はない」と腹をくってかかる必要がある。

つまり、一回限りの取材でも構わないのか、継続して取材したいのかで、取材の入

り方、話のもっていき方は違ってくるのではないか、ということだ。以後も継続して取材したいならば、とりあえず「ああ、なるほど」と、相手の言い分、主義主張を肯定的に聞き、あとで反論してみる。その際も、真っ向から反論するのではなく、「こういう考えもありますが、どう思われますか」と、やんわりと聞くのが無難といえよう。

どういうことを聞き出すにせよ、まずは相手の言い分を聞いたり、相手の業績などを褒めたりし、心証をよくしておく必要があると思う。くれぐれも「真っ向勝負」に出てはいけない。

そういえば、ある出版社の企画で西部邁《にしべすすむ》さんと長時間、対談したときに気づいたことだが、西部さんは「こう言うと反論が出るだろうが」「私の偏見かもしれないが」という言い方をよくされる。これは、考えを異にする人に、自分の主義主張を角を立てずに伝えるのに効果があるようだ。そのせいであろう、氏のいかなる過激な発言にも、ぼくは抵抗なくついていくことができた。

◇中高年こそ見た目に気をつけよう

ぼくは外出時にはジャケットを着用することが多い。別に気取っているわけではなく、自分にはジャケットとネクタイというスタイルが似合っていると思うからだ。特に、初対面の人に会うときは、自分らしく、しかもきちんとして見えるという点で、ジャケットがふさわしいと考えている。「人間は中身だ」とは言うが、やはり印象を良くしておくに越したことはないし、相手に好印象を与えられれば、その後の会話もよりスムーズに進むと思う。

「服装に気を配る」ということについては、ぼくと同世代、あるいはそれ以上の人たちに強く言いたいことがある。年をとってくると、特に、定年などで仕事の第一線から退き、公の場に出ることが少なくなってくると、身だしなみに無頓着になる人が多いように思うが、これは同世代として、たいへん淋しい気がしている。

「ネクタイをしろ」

などとは言わないが、年をとっても、いや、年をとったからこそ、清潔で品のある装いを心がけたほうがよいと思う。外見をござっぱりさせただけで、自然と気持ちが引き締まったり心楽しくなったりしてくる。それが他者には好印象となるだろうし、「自分もまだまだ」と自信となって返ってくるに違いない。

「何を聞くか」より「どう聞くか」

コミュニケーションでは何より相手が気持ちよく話してくれることが大切だと思っている。だから相手の気持ちをほぐし、「心を開いて話そう」「いい話・情報を提供してやろう」という思いを高めるには、こちらが誠意ある態度で臨む必要があろう。と同時に、「どう聞くか」に力点をおくことも大事だと思う。言葉づかいひとつ、相づちひとつで、相手の反応は変わってくるはずだからだ。

◇当たり障りのない話をしてその場の緊張をほぐす

初対面の人とはもちろん、久しぶりに会う人とも、会話の取っ掛かりというのは緊張したり戸惑ったりするものである。そのため、プロのインタビュアーなどは、話の冒頭で軽く世間話などをすることが多いようだ。いきなり本題や核心に入るのではなく、その場の緊張感をほぐしたり本題への〝助走〟をつけたりするわけだ。ぼくも取材の出だしは、相手の趣味などをよく話題にする。

「○○さんはヨットがご趣味だそうですが、実はぼくもサラリーマン時代、琵琶湖《びわこ》でヨットに乗ってたことがあるんです」

すると、

「お、君もやっていたのかね」

という具合に、その場が和むものである。そのためには前述したように、経歴に目を通すなど、相手の下調べをしておく必要がある。

いわゆるあいさつ言葉というのも、当たり障りがなく、〝助走〟としてはいいようだ。

「ここに来るまでに雨に降られました。今年の梅雨はけっこう降りますね」

「遠いところご足労をおかけしました。東京に比べるとこちらは寒いので、驚かれたのではありませんか?」

あいさつ言葉として全国的に共通するのはこうした天候の話だろうし、そのときどきの国民的関心事も無難な話題だろう。今年は北京オリンピックがあるので、共通の話題として多用されることと思う。

「女子マラソンは、やはり日本が本命ですね」

「メダルがどんどん増えていますね」

スポーツ好きのぼくとしては、こういう会話であってほしいものである。

以前は「プロ野球」もあいさつ言葉の一つであったはずだが、ジャイアンツファンが減り「大リーグ」にも押されているせいか、この頃はすっかり廃れた感がある。

もっとも、関西方面では、相変わらず熱狂的なタイガースファンが多いので、話題に上りやすいようではある。ただし、タイガースを悪く言おうものなら相手（関西人）のひんしゅくを買うこと請け合いなので、注意しておかねばなるまい。

ちなみにぼくは、カープファンです。

◇相手の話を繰り返してみる

相手が語ったことをリピートすると、

「そうなんだよ。それでさ…」

「…て言うか」

などと、相手がその話を深めるリアクションを見せることがある。

「さっき、○○さんと言い合いになっちゃってさぁ」

「言い合いになったって?」

「言い合いっていうか、ちょっと意見の食い違いが出てさ」

などという具合である。

相手の話がよくわからなかったときや、もっと突っ込んで聞きたいとき、

「○○とおっしゃいますと?」

などと聞き返すのも同じである。

日常的に見られるやりとりだが、相手の話を繰り返すと、相手はその話を掘り下げたり自分の内部で吟味したりし始めるという、心理的効果があるのだという。

◇相手の話を要約してあげる

「相手の話を繰り返す」と似たものに、「話の内容を要約してあげる」というのもある。

「いまおっしゃったのは、これこれ、こういうことでしょうか」

など、テレビでもインタビュアーが多用している、あれだ。セミナーなどでも、リスナーが講師にこういうかたちで内容確認をすることがよくある。

この、相手の話を要約してあげるということも効果的といわれている。要約は、「あなたの話をちゃんと聞いていますよ」というメッセージになり、話し手に満足感を与え、話そうという意欲を高めるというのだ。


また、通常の会話では、話し手は思い浮かんだことを順々に口にしていくのが普通なので、頭のなかはけっこうごちゃごちゃになっている。会話を録音して聞いてみるとわかるように、話しているうちに論点がずれていったり内容に矛盾が生じていたりしていることが多い。だから、話の途中で適宜、話を要約してもらうと、頭が整理され、

「あれ、そんなふうに言ったっけ?」

と言い間違いを正したり、

「あ、それについてですけどね」

と連想がわいて話を発展させたりできるのだ。

◇「相手任せ」の会話で話題がどんどん広がる

ぼくは、通常の会話では、話題や話の流れは「相手に任せる」というスタンスをとるようにしている。相手が興味を示す話題に注目したほうが、相手は話しやすいし、好きな分野について話せることで気分もよくなることが多いからだ。

それが自分には興味のない話題であっても、とりあえず聞く。これはけっこう大事なことで、面白くないからと突っぱねたかたちで話を聞いているのと、とりあえず興味を示しながら聞いているのとでは、相手の反応が明らかに異なってくる。相手が、

「ぼくは○○の大ファンでね」

と言ったとき、

「へぇ…（○○って誰だ？）」

と気乗りしない返事をするのと、

「あいにく知識を持ち合わせていませんが、○○ってどういう人なんですか？」

と聞き返すのとでは大違いである。

このことは、実際の会話で意識して試してみるとよくわかる。そして、興味をもって（あるいは興味あるふりをして）話を聞いていくと、意見の違う人、反りの合わない人とも、意外に気持ちのよい時間を過ごせるから不思議だ。

話題もそうだが、話すテンポも相手に合わせていくと、話し手は気持ちよく話せる。ゆったり話す人には、こちらもゆっくり。テンポよく話す人には、こちらもアップテンポでついていく。もっとも、あまりに早口の人についていくのはしんどいが。

◇タイミングのいい相づちは相手を乗せる

会話をしているとき、「へぇ」「ほんと」「うん、それで？」など、聞き手は必ずや相づちを打っている。声に出さないまでも、うなずいたり首をかしげたりはしているはずだ。こうした何気ない相づちが、じつは話し手の心理に影響していくようである。

こんな実験を行なった人がいる。相づちをまったく打たない人と適度に相づちを打つ人の二人を前に、話者に話をさせた。すると話者は、最初のうちは聞き手二人に等分に話していたのだが、徐々に、相づちを打ってくれる人にだけ顔を向けて話すようになったという。

まれに、相づちを打たない人がいるが、話し手にとって、相づちを打たれない状況下で話を続けるのは、落ち着かないばかりか、かなりの苦痛となるものだ。気持ちよく話してもらうには、タイミングよく相づちを打つこと、それも肯定や賛同、賛美を示す相づちを打つことだと思う。

ただし、相づちは、打てばよいというわけでもない。

「今日、子どもが学校でね」

「お隣さんがね」

などといった女房の話に、疲れているからといって

「うん…」

「へぇ…」

と上の空の相づちを打っていたところ、

「ちょっと、人の話、聞いてるの！」

と機嫌を損ねてしまったというのは、ぼくを含め妻帯者なら誰もが経験していることだろう。

また、「うん、うん。それで？」といった相づちも、矢継ぎ早に打ち過ぎると、相手をせきたてることになり、逆効果となるようだ。

相づちというのは癖のようなもので、人さまざまであるし、性別、年齢、地位などによっても違ってくる。したがって、漫画のキャラクターづくりにおいては、相づちの打たせ方はそれぞれの個性を際立たせるための重要な要素であり、興味深いものがある。

とにもかくにも、その場に合った相づちを打つことが肝要である。くれぐれも、話し手の顔をじーっと見つめながら、うなずきもしないで話を聞く、というのは慎むべきだと思う。話し手側からすれば不気味である。

◇褒める・いたわるは会話の特効薬

話し手を気持ちよくさせるのに、褒め言葉ほど効果的なものはないのではないか。

どれほどの人格者でも、あるいはどれだけ年輪を重ねた人でも、褒められると喜ぶものである。ぼく自身を考えても、いくつになっても褒め言葉にはほろっとさせられる。作家の扱いがうまい編集者は、

「このシーン、すごくいいですね！」

など、作品に目を通しながら、ひと言ふた言、褒め言葉を口にする。苦しみながら作品を描き上げた者としては、こうしたひと言にことのほか上気するし、やる気も出てくる。

しかし、褒めるにもタイミングがある。見え透いたお世辞や根拠なき褒め言葉は、即座に相手に見破られ、かえって気分を損ねかねない。

いちばんよいのは、話している最中に、相手の様子や話の内容に「よいところ」を見つけ、即座に褒めることだと思う。パーティなどで、女性の服装や髪型、アクセサリーなどを褒める場面がよく見られるが、あれがよい例だろう。相手の「よいところ」を見つける姿勢で話を聞き、タイミングよく褒めるようにしたい。

厳しい状況にある人、落ち込んでいる人には、

「その状況で、よくがんばっておられますね」

と、いたわりの言葉を挟むことも大事な心配りだと思う。誰でも心当たりがあるように、悩みを抱えているときは、人に話を聞いてもらうだけでも心はかなり軽くなる。けれども、

「こんなことを話しては、相手の負担になるのではないか」

「私事だから、黙っていたほうがいいのでは」

と、心情を語れないでいたりする。そういうとき、ねぎらいやいたわりの言葉をかけられれば、悩み事を口にしやすくなるし、誠意が込められていれば信頼感も生まれる。つらい状況にある人、落ち込んでいる人には、ねぎらいやいたわりの言葉をかけてあげたいものである。

◇最後まで肯定的に聞くのが相手への思いやり

「聞き上手」の人は、相手の話を肯定的に聞いている。たとえば、

「いや、そうは言うけどね」

「それはきみの思い違いだよ」

といった否定的な反応を繰り返していると、相手は話しづらいし、こちらに反感を抱きかねない。逆に、意見を異にしていても、とりあえず肯定的に話を聞くようにすると、苦手意識はもたれないものである。

話をしょっちゅうさえぎるのも、肯定的な聞き方とは言えない。特に、話の腰を折られるのは、話し手にとって不快なものだ。酒席などで大勢がいくつかのグループに分かれてわいわいしゃべっているとき、別なグループから話題が飛んできて、こちらの会話が中断することがある。そんなとき、話が中途なのに、飛んできた別の会話に〝移動〟し、話し手を〝置き去り〟にしてしまうのは失礼というものだろう。

相手の話が自分にとって既知のものであっても、とりあえず、

「へぇ、それで？」

と聞いてあげるのも大事だと思う。親しい間柄になるほど、遠慮なく、

「あぁ、それって、知ってる、知ってる（話さなくて結構）」

などと言ってしまいがちだが、それでは相手の気分を害してしまう。

相手に異を唱えたい場合も、真っ向から反論しないほうがよいと思う。政治記者に

は「相手を怒らせるタイプ」と「相手を乗せるタイプ」とがいると述べたが、怒らせるのはやはりまずい。まず相手の言い分を肯定的に最後まで聞き、

「でも、こういう場合はどうでしょうか?」

「なるほど。しかし、こういうふうにも考えられるのでは?」

という具合に、やんわりと切り返すのが、相手のプライドを害さず、角も立たず、しかもより深い会話にしていくコツと考えるのだが、どうだろう。

◇二通りの「間」を読み分けよう

会話の最中、相手が沈黙するときがある。

沈黙にはどうやら二通りあって、「何を話してよいかわからない」「話しにくい」というのが一つ。いわゆる「間が持たない」というやつだ。

「話題が見つからない」という類の沈黙なら、こちらから話を振っていく必要があるし、「これ以上話したくない・話さない」という沈黙であれば、無理強いせず、うまく会話を切り上げてあげるのがマナーだと思う。

もう一つは、話し手が自分の考えをまとめているとき、思案しているときの沈黙で

ある。この場合は、「それで？」とせかしたり、沈黙を破ろうと話題転換したりせず、しばしその沈黙を維持するべきであろう。なぜなら、そういう沈黙のあとには必ずや、話し手からさらなる深い話が聞けるからだ。

◇ボディランゲージを読み取る

ぼくは、人と話すときは、相手の目をしっかり見るようにしている。なかには、非常にシャイで、「人の目を見て話せない」という人もいる。「目は口ほどにものを言う」というが、視線から自分の内面を読み取られるのを恐れているのかもしれない。それはともかく、やはり話すときの態度として、相手の目を見て話すのが基本であるし礼儀だと考えている。

会話の多くは、身体からのメッセージで成り立っている。目線や表情はもちろん、身振りや手振り、互いが座る位置や間隔など、あらゆる要素を総合して会話は進行していくのだ。

このことは、漫画で説明するととてもわかりやすい。

「う〜ん、そうだなぁ」

という台詞を、動作や表情を替えてキャラクターに言わせてみよう。

（両手で頭を抱えて）「う〜ん、そうだなぁ」

（片方の手の人差し指を頬にあて、上目づかいで）「う〜ん、そうだなぁ」

（両手で伸びをしながら）「う〜ん、そうだなぁ」

このように、動作や表情しだいでまったく異なったシーンになる。

相手の話を真剣に聞き入るシーンなら、その人物に身を乗り出させるし、相手を見下しながら話を聞くシーンなら、ソファにのけぞらせたりする。まさに、人は体全体を使って会話しているということがよくお分かりいただけると思う。

◇聞きたいことがはっきりしていれば具体的に質問する

取材のように、聞きたいことが明確なときは、質問は具体的にしたほうがよいと思う。

「今度の内閣人事、どう思われますか」

といった漠然とした聞き方は、いろいろな視点からの答え方があり、答えるほうも戸惑ってしまう。

「今度の内閣人事は、従来の派閥均衡のものとなりそうですが、それについてはどうお考えでしょうか」

といった質問なら、

「そういう人事は良くない。なぜなら…」

みたいに、相手は答えの方向性を見つけやすい。

同様のことだが、テレビ局の若いインタビュアーなどが、ゴールしたマラソン選手に、

「いまのお気持ちは？」

などと聞いていることがあるが、これでは
「うれしい」

としか言いようがないと思う。

「四〇キロ地点で一回抜かれましたが、あのときのお気持ちは？」

などと具体的に聞けば、

「あのときはもうだめかと思いましたけれど、あのあと気持ちを立て直して…」

といった答えが返ってきて、実のあるインタビューとなっていくだろうに。

漫画の取材で、フランスや中国、インドなど国外にも出かけるが、外国人に質問するときにも、具体的に聞いていくとよいようだ。日本人相手とは違い、外国人には――もちろん、こちらが語学に長けていれば別だが――聞きたいことをストレートに尋ねたほうがよい。対日本人と同じように質問していると、必ずや「見当違いの答え」が返ってきてしまうからだ。

特に、通訳がいて、その通訳の日本語があまり堪能でない場合は、微妙なニュアンスなど決して伝わらない。だからぼくは、通訳を介するときは、取材相手本人よりも、むしろ通訳の人の語学レベルや性格に合わせて質問をするように心がけている。レベルの低い通訳には、主語・述語のはっきりした「わかりやすい日本語」を用いるようにしている。

◇できるだけ相手が話しやすいように質問する

質問の仕方は、大きく二つに分かれるという。

「あなたは漫画家だそうですね」

「デビューして何年になりますか」

など、「はい・いいえ」あるいは端的に答えられる質問の仕方が一つ。もう一つは、

「どうして漫画家を目指したのですか」

「島耕作シリーズがヒットしたのは、なぜだと思いますか」

といった、少し考えなければいけないが、好きなように答えられる自由度の高い質問の仕方である。

これらは日頃、無意識に使い分けているが、相手に気持ちよく話してもらうには、一つ心得ておいたほうがよいことがある。「はい・いいえ」で答えられる質問は、使い方や使う場面によっては、相手を心理的に追い込んでしまうということだ。それが証拠に、部下を叱責するとき、上司は次のような言い方をしたりする。

「また遅刻か?」

「はい、すみません」

「そんなことでいいと思っているのか」

「いいえ、もちろん思っていません」

「明日も遅れてくるんじゃないだろうな」

「いえ、明日はちゃんと…」

これを、

「どうして遅刻したんだ？」

「連日のように遅刻することを、君はどう考えているんだ？」

と聞いていくと、ずいぶんと違った展開になる。

もちろん、同じ言葉でも言い方によって、相手に与える印象が違ってくる。

「どうして遅刻したんだ↗」

と語尾を上げて言えば、相手の言い分を聞こうという印象を与えるし、

「どうして遅刻したんだ↘」

と語尾を下げて言えば、相手を追い込んでいる印象を与える。

できるだけ相手が話しやすいように質問することを日頃から心がけたい。

第4章

「聞き上手」とは気配りである

気配り人間はトクをする

いろいろ述べてきたが、要するにぼくが考える「聞き上手」な人とは、気配りができる人をいう。「相手の立場に立つ」「人を気分よくさせようと努める」「相手の話を肯定的に聞く」などなど、すべて気配りに通じている。そして、そうした気配りができる人は、人から好かれるのはもちろん、社会で評価され出世する人でもあるように思うのだ。

◇「気配りの人」だった角栄さん

「親父は、人心を掌握することに長けていた」。

田《た》中《なか》角《かく》栄《えい》さんの秘書官を務めていた早坂茂三《はやさかしげぞう》さんの弁である。角栄さんといえば、「日本列島改造論」をぶちあげたり、日中国交回復に寄与したかと思えば、総理大臣在職中のロッキード事件への関与が明るみに出たり、いろいろな意味で影響力の大きな人であった。娘の真紀子《まきこ》さんの言動もあって、故人となったいまも、なにかと話題の尽きない人物である。

角栄さんは、極貧に耐え、学歴はなくても、総理大臣にまでのし上った苦労人としても有名である。それだからだろう、角栄さんは、料亭でもクラブでも、下足番やお運びといった、裏方の人に非常に気配りを見せていたのだそうだ。もちろん、女将《じょしょう》など上の人間をすげなく扱っていたという意味ではない。普通なら目もくれないような立場の人にまで、声をかけたりチップを渡したりと、ちょっとした心遣いを示すということだ。これが裏方の人たちにとってはことのほかうれしい出来事となり、角栄さんを慕い、来店したときの待遇に大いに影響したという。

ちなみに早坂さんだが、あれだけ角栄さんに尽くしていたが、娘・真紀子さんにはえらく敬遠され、晩年は政界から身を引き、政治評論家となった。政治の世界は難しいものである。

さて、角栄さんの右記のエピソードを聞いたとき、大相撲観戦の升席《ますせき》のことを思い出してしまった。ぼくは利用したことがないが、あの升席というのは、ひと升四万円前後と、非常に高い。したがって、ビールやおつまみ、お土産など、いろいろなサービスが受けられるようになっている。

ところが、同じ升席に座っても、サービス係に心付けを渡しておくだけで、待遇がえらく変わってくるのだそうだ。コップが空になるや否や、即座にビールを注ぎにきてくれるし、お土産も山のように持たせてくれるという。いやはや、裏方さんへのちょっとした心遣いが、その後のサービスに雲泥の差となって現れるというわけだ。

角栄さんの気配りと、相撲観戦時の心付けとを同列に語るのはあまりに乱暴ではあるが、気配り目配りができる人間は得をする、というのは事実のようである。

◇クラブのママたちは〝見ている〟

「気配りができる人は、まず間違いなく出世する」

これは銀座の老舗クラブのママたちの一致した意見であり、ぼくもまったく同感だ。

以前、ある出版社から「出世する人はどこが違うか」といったテーマで銀座のママを呼んで鼎談《ていだん》するという企画を持ち込まれたことがあった。その席上でも、二人のママは「気配り目配りできる人」と口を揃えていた。

ビジネスマンというのは、新入社員時代に上司に連れられて行った店に、その後もずっと通う性癖がある。だからママたちも、いろいろなタイプの人間を、新人時代から定年あるいはそのあとまで、長きにわたって観察することになる。いい年をしたおじさんも、ママにかかったら「この子」呼ばわりされていたりするわけだ。それはともかく、そういう目の肥えたママたちが言うには、同行者の様子をよく見ていて、

「○○さんの注文を聞け」

「車の手配はできているか」

といった気配りができる人は出世するタイプなのだそうだ。

逆に、係長や課長など、ちょっと役職についた途端、「ふんぞりかえっておしぼりを受けるだけ」と、サービスを受ける一方におさまってしまったりする人がいる。そういう、気配りしない・できなくなる人、自分のことしか見えなくなる人は、ママたちの経験上、出世しないのだという。もっとも、ものすごい能力の持ち主で、ワンマ

ン社長的にのし上がっていくタイプも、まれにいるにはいるようだが。

◇気配りが感じられない日本の姿勢

気配り人間というのは、「周りの人の幸せは自分の幸せ」みたいに考えられる。ところが、「自分さえよければいい」というスタンスの人もいる。こういう人は、出世しないばかりか、周りからも嫌われる傾向にある。

国家単位でいえば、「自国さえよければ」という考え方である。「一国平和主義」というのがあるが、自分の国さえ平和なら、よその国の人たちは泣かしてもいいというのはいただけない。

ぼくは学生時代から、集団的自衛権を認めるべきだと考えてきた。いまもそれは変わらない。日本では、集団的自衛権というのを「同盟国たるアメリカの手先となって動くこと」みたいにとらえている人が多いようだが、それは違うと思う。自国が侵略されたときに、自分だけの力で戦おうとすると、侵略国に対抗するために自国の軍隊を拡張しなければならなくなる。それは軍拡競争につながっていく。そうではなく、どこかの国が侵略されたり、されそうになったら、周りの国が手を携え、みんなでその国を守っていこうというのが、集団的自衛権なのである。

ところが日本の場合は、「お金は出すが、汗は流さない」。つまり、虫のよいところがある。このまま「自分さえよければ」という姿勢をとり続けていると、友好国から嫌われていくのではないかと危惧している。

人を育てるコツも気配り

人材育成の手法として、コーチングが注目されている。人を育てるには、その人の「よいところ」を認め、自信とやる気を引き出していくのが良策だという考え方だ。これは、人を型にはめず、一人ひとりを尊重していこうというもので、まさに気配りに通ずるのではないかと考える。

◇「星一徹型」から「島耕作型」へ

高度経済成長期には、「おれについて来い」タイプの上司が多かったように思う。指導の仕方も、部下の欠点を指摘したり、「こうやれ！」と指示・命令したりしていた。そして部下も、モーレツ社員型が善しとされる風潮があった。

当時、『巨人の星』が人気漫画だったのもそれを裏付けているように思える。読者のなかには知らない人もいるかと思うので付記しておくと、『巨人の星』とは、野球選手を夢見る星飛雄馬《ほしひゅうま》を主人公とした、〝スポ根〟ものの走りとなった漫画である。そして飛雄馬を育てたのが、父・一徹《いってつ》であり、彼は根性を軸に「わしについて来い！」と、飛雄馬を叱咤激励ならぬ〝叱咤叱咤〟で導いていくのだ。

現実のスポーツ界でも、東京オリンピックで女子バレーを金メダルに導いた大松博文《だいまつひろぶみ》監督が、「鬼の大松」として有名であった。のちの少女漫画『サインはV』『アタックNo．1』なども、「スパルタ教育を施す師——根性でついていく弟子」という構図で成り立っている。

昭和三〇年代、戦後の荒廃から立ち直り、高度経済成長にまい進する中にあって、サラリーマンも「モーレツ社員」と評される仕事一途の時代であった。こうした社会を反映して、いわゆるスポ根ものも脚光をあびたのである。当時の風潮を表していてなかなか興味深いことではある。

しかし時代は変わり、「仕事も大事だが、プライベートも」という人が増えた。そのため、いまの若い人には、星一徹みたいに、檄《げき》を飛ばしたり、叱って「なにくそ！」と奮起させようとするより、島耕作のように部下とパラレルな関係で接したほうがよいようだ。

◇いくつになっても褒められるとうれしい

このことは、ぼくが属する出版界の人間にもいえる。

作家付きの編集者にも、作家を叱るタイプと褒めるタイプがいる。叱るタイプは、ベテラン編集者vs若手作家という組み合わせの場合が多い。編集者はかなり辛らつなことを言い、作家の「なにくそ」と奮起する気持ちを引き出していくのだ。そして、よい作品があがってきたら、

「やればできるじゃないか」

このように、若手作家を育てようとするときは、作家の反発心に働きかけることがある。

しかし近ごろは、褒めるタイプの編集者の方が多くなった。特に、年齢的にも経験的にもある程度いった作家相手に、「叱る」「檄を飛ばす」というのはやりにくい。ましてや、若手編集者vsベテラン作家という組み合わせでは、「檄を飛ばす」などという大それたことはできはしない。そういうとき、編集者側はどう出るか。褒めるのである。


「先生、この場面、めちゃくちゃいいじゃないですか」

「ここは絶対、読者に受けると思いますよ」

あるいは、読者からの感想の葉書、いわゆる投書を利用する。得てして編集者というのは、批判的な投書は作家の目に触れないよう計らう傾向があるのだが、ファンからの葉書や作品を褒めている葉書は、最大限に利用する。

「評判いいですよ」

「ぶっちぎりに褒めてますよ」

と、作品を評価している投書を見せ、相手を気分よくするのである。

人はいくつになっても、褒められるとうれしい。

「この編集者は注文がうるさい」

「締め切り、締め切りとガーガー言うな」

など、機嫌の悪い最中であっても、ちょっと褒められただけで、

「あ、そう？　それじゃ、もうひと頑張りしてみようかね」

と、急にやる気を出したりする。現金なものなのだ。

◇おだてりゃ「豚も木に登る」

人を育てるには、褒めるべきところを上手に褒める。

「お前は、ここはダメだが、こういうよいところ、強みがある。これをもっと伸ばせ」

と自信を持たせるほうがよい。そして不思議なことに、利点を認めてもらい励まされると、ダメな部分も改善されていくことが少なくない。言葉は悪いが、おだてれば「豚も木に登る」ということなのだろう。


近年、企業では管理職に、「褒めて人を育てる方法」、すなわちコーチングを身につけさせているところが多くなっているようだ。

コーチングは、相手の「よいところ」を見つけ、それをさらに伸ばすことで自信を持たせ、やる気を引き出す方法である。

「10のうち8が劣っていて、優れているのは2くらい」

という、どちらかというと欠点だらけの部下がいたとする。普通は、

「欠点を克服し、全体のレベルを上げよ」

とはっぱをかける。そうではなく、「2の長所」に注目し、それをさらに伸ばすようにするとよいというのである。たとえば野球で、

「守備はまずまずなのだが、打席に立つとまったくダメ、足も遅くて代走にも向かない」

なんて選手がいたとする。コーチとしてはひたすら素振りやバッティング、短距離走に精を出させたいところである。しかし、得意の守備をブラッシュアップさせ自信を持たせるようにすると、劣っている打撃や走塁にも精を出して取り組むようになり、全体のレベルが上がっていくのだそうだ。

こうした指導方法で成功してきた一人が、女子マラソン界の小出義雄《こいでよしお》監督ではないかと思う。小出さんはランナーを徹底的に褒めることで有名だ。

「君はすごい」

「君ならやれる」

と選手を持ち上げ、レース直前には、

「これまでこんなに練習を積んできたのだから、大丈夫!」

と励ます。有森裕子《ありもりゆうこ》、鈴木博美《ひろみ》、高橋尚子《なおこ》、千葉真子《まさこ》など、いずれも、こうした小出さんの〝褒め指導〟で誕生した名ランナーである。

ただし、相手の「よいところ」を見つけて褒めるという作業は、相手をよく観察していなければできないし、また、相手の考え方に耳を傾けなければできない。つまり、相手に歩み寄るという気配りが必要となってくるのだ。

◇「樹木」はA君に描かせろ

ぼくも、部下たるアシスタントの長所を見つけるように心がけている。彼らは、海のものとも山のものともわからない漫画界に飛び込んでくるくらいだから、いずれも漫画大好き人間である。とはいえ、描かせると下手、というのはいるものだ。けれども、たとえば木を描くのはうまかったりと、どこかしら褒められるところは見つかる。ならば、徹底的にその部分を任す。

「A君は樹木を描くのがうまいから、木を描くコマはA君に回せ」

というふうに。すると本人は、

「ああ、俺は、木を描くのはうまいんだ」

という気概を持つようになる。そして、それに引っ張られるように、自動車とか建物といったほかの絵も練習し始め、うまくなっていく。


思うに、人には、受験でいえば全科目を満遍なくこなす国立大型人間と、得意な科目で受験する私立大型人間とがいるのではなかろうか。前者はジェネラリストで、後者はスペシャリストだ。とすると、「長所を見つけて伸ばしていく」という指導法は、スペシャリストを養成していることになるのかもしれない。であるならば、ぼくの仕事場はさしずめスペシャリスト集団ということになるだろうか。

◇好きでなければ仕事などやっていられない

部下の扱いがうまい人に聞いてみると、部下のやる気を引き出すには、本人のよいところを見つけて伸ばすとともに、

「仕事への情熱をもたせること」

と言っている。多少の得手不得手はあるだろうが、基本的には、仕事を好きにさせるのが部下を育てる早道だというのだ。ぼくの場合は、部下たるアシスタントたちは、好きなことを仕事にしているわけだから、この種の苦労は経験することもない。幸いなことである。

ともあれ、確かに、好きにならないとよい仕事はできないし、嫌々やるのは本人に不幸なことである。二四時間のうち、睡眠に八時間たっぷりとるとしたら、残りは一六時間。会社で八時間プラス残業二時間を過ごし、通勤に往復二時間。そうすると、一日の半分は仕事に関係していることになる。

これだけの時間を費やす仕事を、嫌々やっているのでは、人生そのものがつまらなくなってしまう。毎日を楽しく過ごすためには、やはり仕事を好きになるべきだと思うのだ。ぼく自身、好きな仕事だからこそ、ハードなスケジュールもこなせるし、描くことが楽しいからこそ、

「次はどんなストーリーにしようか」

と構想を練るのだ。そういう仕事の面白さや醍醐《だいごみ》味を、次世代に伝えていかなければいけないと思う。

◇「見て覚えよ」はいまや死語!?

しかし、こういうことは一方的に説教しても効果はない。

「なぜ熱意をもてないか」

という本人の言い分を聞き出すのが先決である。部下の扱いがうまい人は、こういうところで「相手の言い分を聞く」という気配りを見せるようだ。

島耕作もそうなのだが、「できの悪い部下」「不満気に仕事をしている部下」がいたら、食事に誘ったり別室に連れていったりして話を聞く。すると、

「いい仕事をしろ、いい企画を挙げて来いと言われるが、何をどうやればよいか、わからない」

などという答えが返ってくることがある。「質問は具体的に」と述べたが、部下への指示、特に新人へは、具体的なほうがよい場合が多いと思う。

「いい企画をつくれ」

と漠然と言っただけでは、部下はこちらの意図から大きく外れた案を上げてきかねないからである。


「四〇代の男性ビジネスマンに訴えるものを考えてほしい」

「生産コスト削減に焦点を当ててプランニングしてごらん」

などと具体的に提示し、資料の集め方や企画の練り方など、ヒントを与えたりアドバイスしたりする。昔は「見て覚えろ」「上司や先輩の技術を盗め」でよかったかもしれないが、いまの若者は〝マニュアル世代〟である。「もう少しわかりやすく指導しなければいけない」というのが、管理職にある人たちのほぼ一致した意見なのである。

◇人前で罵倒するような叱り方はまずい

人を育てるには、時には「叱る」ということも必要である。しかし、叱り方を考えなくてはいけない。本書の冒頭で、ぼくがサラリーマンだったとき、部下から非常に嫌われている部長がいると述べたが、この部長が嫌われていた最大の理由は叱り方が下手だったことにあると思う。嫌味たらたらに、しかも皆の前で大声で罵倒《ばとう》するのである。ぼくら新人ならまだしも、いい年をした係長、課長など、勤続年数もそこそこの人を、部下が大勢いる前で大声で怒鳴りつけることもしばしばだった。

その部署には四〇人からの社員が机を並べていた。皆、黙々と机に向かってはいるが、耳はしっかり二人の会話を聞いている。これでは怒鳴られている当人のプライドは粉々である。

思うに、人前で叱りつけるというのは、

「当人だけでなく、その場にいるみんなを叱っているのだ」

「それとなく皆に聞かせたいのだ」

という場合には有用だと思う。しかし、当人だけを叱りたい場合は、それが役職だったりすればなおのこと、どこかに呼び出し、ひそかに諫《いさ》めるべきなのではなかろうか。

しかもこの部長の場合、叱るというよりは自分の感情のままに「怒る」という感じであった。「叱る」と「怒る」は根本的に違う。やみくもに怒るのでは、相手の反感を買うだけである。

この部長は「相手の立場をおもんぱかれなかった」「叱るというより、感情のおもむくままに怒っていた」という点で、気配りに欠けていたように思う。個人的には非常にお世話になったし、〝素の部分〟も垣間見て親しみをもっていただけに、多くの人から誤解され敬遠されていたのは残念である。

◇ぼくの世代は叱るのが苦手

そもそも、ぼくも含め、近ごろの人は叱ることが下手になったように思う。自分の子どもも叱れないという人も増えている。これは、どうもぼくら団塊の世代以降の現象のようだ。というのも、ぼくらが子どもの時分から、次第に「体罰はいかん」ということが言われだし、親も教師も子どもに手を上げなくなっていった。と同時に、叱ることそのものを自粛していったようなのだ。

折りしも高度経済成長期とやらで、「カミナリ親父」は仕事に忙しく、子どもを叱る暇もなくなっていった。おかげでぼくら団塊の世代は――もちろん個人差は大きいが――親に叱られることが少なく、しかも全共闘運動の影響で「権威を否定する」という傾向を強めた。

そんなふうに育ったことが、ぼくらを「叱り下手」にしたようで、たまに人を叱ると、

「人に説教するほど、俺は偉いのか？」

と、あとで妙に反省してしまう習性がある。少なくともぼくはそうだ。しかし、人のためを思えば、叱ることも時には必要である。叱り方を学ばねばならない。

◇なぜ耕作を〝改心〟させたか

規模を拡大せず、自分の目の届く範囲で仕事を続けていくなら別だが、ほとんどの場合、時間的にも物理的にも、部下に仕事を任せなければ立ち行かなくなる。また、任せなければ、部下や後継者は育たない。だからこそ、

「ある程度、仕事を覚え自信をつけてきた部下には、仕事を任せるようにしなければいけない」

ということがいわれるのだ。

ところが世の中には、部下に仕事を任せられない上司、すべて自分が手を出し

チェックしないと気がすまない上司がいる。

任せられない理由のひとつには、「仕事は〝現場〟がいちばん面白い」からであろう。「島耕作シリーズ」で言えば、現場の指揮官であった課長職時代の島耕作がそうである。現場で部下を動かしながら、仕事の手ごたえや達成感も得られる。耕作が派閥に属さなかったのも、ある意味、派閥は出世街道だから、「それに乗ると、自動的に昇進していき、現場から遠ざかる。それは嫌だ」ということもあった。しかし、現場を離れたがらない上司というのは、部下を育てるという意味ではあまりよろしくない。だから徐々に耕作を〝改心〟させ、管理職の道を受け入れるよう、ぼくは仕向けたのである。

◇ぼくも〝頑張って〟人に任せている

部下に仕事を任せられない理由として、責任を取らねばならないということもある。

若手は、経験不足から、失敗をしがちである。部下の失敗は上司が責任を取らねばならない。そのため、

「ここがダメ、あそこがダメ。俺の責任になるから、お前ら、しっかりやってくれよ」となりがちだが、これでは部下はやる気をなくしてしまう。だから、「よい上司」とはおそらく、

「失敗を怖がるな。失敗したときは俺が責任を取るから、思い切りやってみろ」と言える人なんだろうと思う。

人に仕事を任せるのは勇気のいることだが、努力してでも身につけないといけない。ぼくのことを言えば、じつはぼくもあまりアシスタントには任せたくない。『愛と誠』のながやす巧《たくみ》さんなどは、アシスタントを使わず、すべて自分ひとりでやっておられるが、本当はぼくもそうしたい。しかし、複数の連載に加え、公職なども抱えている手前、そういうわけにもいかない。「締め切り」を守るためには、人の手を借り、共同作業でこなしていかねばならないし、それが良策とも思っている。加えて、最近は視力が落ちてきたこともあり、任せられる部分はできるだけアシスタントの力に頼ったほうがよいと思うようにもなってきた。

このように、人のサポートなしにいまのぼくの仕事は成り立たないし、ぼくが不

在のときにも、仕事は進行させてもらわなければならない。ならば、スタッフを信じて任せよう、任せられるアシスタントを育てよう。そして万一、何か問題やミスが発生したときは、腹をくって責任を取ろう。――そういうふうに、日々、心がけている。

島耕作が出世したワケ

「気配り人間は人から好かれ、出世もする」。ぼくのこの人間観を漫画化したのが「島耕作シリーズ」である。島耕作、そして同じくライフワークとなっている『黄昏《たそがれ》流星群《りゅうせいぐん》』について、少し述べてみたい。

◇ぼくの人間観を描いた「島耕作シリーズ」

「島耕作シリーズ」は、経済や社会状況など、現実に即して描いている。登場人物も、必ずやどこかにいる人ばかりで、「現実にはありえないキャラクター」というのは出てこない。「出世」という面で見れば、登場人物のなかで一癖も二癖もある人物、極端な性格を持った人物、そして気配りに欠けた人物は、最終的には出世していない。作者のぼくがそうしているからだ。

一方、島耕作は気配り人間であり、「俺が、俺が」の自己主張型人間とは対極にいる。左遷されたり蹴落とされたりしても、最終的に認められていくのは、彼の気配りな性格の賜物なのだ。気配りによる彼のバランス感覚、これが周囲から評価されるところとなり、引き立てられ、部長、取締役、常務、専務……と出世した。

耕作のように、人生を楽しみながら——しかも女性陣から愛されながら——順調に出世していくのは、ほんのひと握りの人間であって、いまでいう〝勝ち組〟ではある。けれども二〇年以上にわたたって読者から支持されてきたのは、

「誠実で気配りのある人間は、社会から評価されて当然だ」

という点に多くの人、とりわけ耕作と同じサラリーマンたちが共感してくれているからではないかと、密かに自負している。

◇耕作は「ま、いいか」で乗り切る楽天家

また、耕作は人をねたんだり見栄を張ったりはしないし、嫌なことがあっても、

「ま、いいか」

「なんとかなる」

とプラス思考で乗り切っていく人物である。じつはこれは、ぼく自身の性格を大いに反映している。

ぼくは嫌な出来事に遭遇しても、

「ま、いいか」

「それがどうした」

「人それぞれ」

という三つのキーワードでやり過ごすことにしている。

たとえば、こちらがいくら仲良くしようとしても、むすっとして口をきいてくれない人もたまにはいる。あるいは、人から変な誤解を受けてしまうこともある。非常に残念ではあるが、そういうときは、

「ま、いいか」

「人にはそれぞれの考え方、スタンスがある」

と考えれば、腹も立たない。

同じように、自分より秀でた人、恵まれた人を見ても、

「それがどうした」

ととらえるようにしている。そもそも、自分の状況を他人と比較していたらきりがない。

「あいつは金持ちだ」

「いい車をもっている」

「大して能力もないのに、運に恵まれ、いい思いをしている」

あるいは、

「自分より男前だ」などなど。

これでは〝うらやまし地獄〟に陥ってしまい、人間が卑屈になってしまう。むしろ、「それがどうした」「人は人」と割り切る。幸せを測るものさしは、人のものではなく自前のものを用いるべきであり、人がどう評価しようと、たとえ「かわいそうな人」と見下されようとも、自分が楽しく幸せに思えるならそれでいい。——こうしたぼくのスタンスを反映させたのが島耕作という人物なのだ。もっとも、乗り切り方、気持ちの切り替え方は、耕作のほうがずっとスマートではあるのだが。

ちなみに、ぼくはネーム（登場人物の台詞《せりふ》）づくりは得意なほうで、わりと短時間でまとめてしまう。耕作については、

「この場面では、自分ならこう言うだろう」

と、自分をベースに考えていくから楽である。自分とまったく異なるキャラクターについても、実在の人物に当てはめてみる。

「こういうとき、あいつなら、きっとこう言うだろう」

という具合だ。そうすると、台詞や言い回しがするすると出てくる。

「俺が、俺が」という自己主張型の登場人物も、じつは少なからず実在のモデルがいる。そして、性格だけでなく、ときには顔も似せて描いてしまうこともある。すると当人から電話が掛かってきて、

「あのキャラクター、俺のことじゃないだろうな」

あまり悪乗りすると、こんな冷や汗もかかねばならないことになるが、これは余談。

◇時代が中沢部長を求めていた⁉

「島耕作シリーズ」のキャラクターでは、ぼくは『課長・島耕作』の中沢部長（のちに社長。続編『部長・島耕作』で死去）が気に入っている。彼は、島耕作と同じく、派閥に属さない一匹狼であり、耕作とも一定の距離を置いている。仕事上は強く結託するが、プライベートには踏み込まない。ドライな感じでありながら、じつは部下思いのウェットな男でもある。

中沢部長のキャラクターは、ぼくのなかで、かつてのサラリーマン社会のアンチテーゼとして思いついたふしがある。昔のサラリーマンは、四六時中、会社のことを考えていなければならなかった。社宅がよい例である。残業を終えようやく帰宅しても、妻が駆け寄ってきて、

「上の階に住む○○部長さんのお子さんが来年、小学校に上がるそうよ。何かお祝いしなくていいかしら」

いまは社宅内の付き合い方もずいぶん変わったとは思うが、こうした「仕事をプライベートな時間・場所にも引きずる」というサラリーマンの習性への疑問符として、中沢部長を登場させたのだ。

聞くところによると、『課長・島耕作』の終盤では、主人公の耕作より、この中沢部長のほうが人気があったらしい。時代が、彼のような存在を求めていたのかもしれない。

◇『黄昏流星群』で提案したい、シニアの生き方

「島耕作シリーズ」と並んで、ぼくのライフワークとなっているのが、一九九五年にスタートさせた『黄昏流星群』である。これは、中高年層を主人公にした短編集で、高齢者の恋愛を主軸に、シニアの生き方を模索・提案している。「島耕作シリーズ」が実社会に即しているのに対し、こちらはファンタジックな要素も多い。

『黄昏流星群』は、漫画読者のボリュームゾーンであり、ぼく自身が属する団塊の世代に向けて描いている。ぼくらの世代は、なんといっても人口が多いし、漫画で育った第一世代でもある。そのぼくらも熟年と呼ばれる年代になった。しかしこれまで、熟年世代を主人公とした漫画はなかった。ぼくが〝等身大〟で描け、しかも読者のニーズに応えうる漫画。ぼくが『黄昏流星群』を描き始めたのには、そんな背景がある。

『黄昏流星群』を通してぼくが同世代に問いたいのは、

「これからは『肩書き』から離れた生き方を目指そうじゃないか」

ということである。ぼくら団塊の世代の男は、肩書きを外しての付き合いが下手である。仕事を背負って生きてきたせいか、肩書きを外すことは自分の存在価値を否定することにつながると考えるからであろう。しかし、

「自分はこんな実績をあげた」

「こんな会社に席を置いていた」

と過去の経歴にしがみついていると、周りには嫌味な人間と映ってしまい、人間関係の幅が狭まる。仕事を引退し第二の人生を始めることを考えると、

「肩書きを気にするのはやめにしたほうがいいのではないか。いや、ぜひそうしよう」

と呼びかけたい。

ぼくを例にとれば、ぼくは漫画好きの間ではちょっと知られているだろうが、日本人全体からすれば無名の存在にすぎない。漫画を読まない人にとっては、

「島耕作？　何それ」

であろう。ぼくは年に一回、山口芸術短期大学というところで、絵やデザインを学ぶ学生を相手に特別講師として講義をしているのだが、試しに学生たちに、

「島耕作を知っているか」

と聞いてみたところ、

「知らない」

と、実につれない返事が返ってきた。これが現実なのである。そして、ぼくが肩書きにこだわる人間であれば、そういう反応にはプライドを傷つけられ、「仮にも講師であるぼくの代表作も知らないとは」などとストレスがたまるに違いない。だから、「肩書きなどは一部の人間にしか通用しない」と考え、なるべく忘れていたほうが平穏に暮らせるのだ。『黄昏流星群』を通して、ぼくは同世代にそういうメッセージを送っているつもりだ。

◇年とともにコミュニケーションの仕方も成熟していく

肩書きへのこだわりとも関連するが、『黄昏流星群』のもうひとつのテーマは、中高年のコミュニケーションのあり方である。

コミュニケーションの仕方というのは、年齢とともに変化していくように思う。

二〇代、三〇代の血気盛んで正義感の強い年代は、何かにつけ「権力」に抗《こう》したくなる。政治姿勢でいえば、与党は野暮に感じられ、政府批判をする野党側のほうがかっこよく、インテリに思えるものだ。しかし四〇代、五〇代ともなると、

「そうは言っても、現実はどうなんだ」

「消費税を上げるなと言っても、財源はどうするのだ」

と、いわば与党側に立った発言をするようになってくる。家庭をもち、社会的にも管理側、経営側になってくるからだろう。また、それまでのさまざまな経験則をもとに、

「自分のやり方はこうだ」

と、スタンスが固まってもくる。

コミュニケーションのあり方には、こうした年齢や経験によるスタンスの変化も反映してくるのではなかろうか。たとえば、若いときは経験が浅く迷いも多いので、

「どうしたらいいんだろう」

と、人に意見を求める。そして、他者とのコミュニケーションから、「ああ、そういう考え方もあるのか」と別の視点を学んでいくことが多いように思う。それが年を重ねるにつれ、経験を積み自分のスタンスも固まってきて、人からアドバイスや意見を求められることが増えてくる。すなわち、「尋ねるコミュニケーション」から「尋ねられるコミュニケーション」へとシフトしていくように思うのだ。企業でいえば、平社員だった若手が年とともに成長し、やがては部下の指導に当たる管理職へとシフトしていくようなものである。

そして、社会の第一線から退いたあとのコミュニケーション。これがどうあるのか、あるべきかを、ぼくは『黄昏流星群』を通して考え続けている。

◇うちのカミさんのすごいところ

『黄昏流星群』の主人公たちは、いずれも中高年である。自分の考えが確立している反面、仕事を引退したり身体に衰えがきたりして、自信を失いかけている年代である。引退と同期して、人とのコミュニケーションも疎遠になっていくが、ぼくは、

「それではいけない」

と言いたい。では、どうすればいいか。

ぼくは、女性同士のコミュニケーションに学ぶべきところ大ではないかと思うことがある。ぼくは、いろいろな人間と交流するのが好きであり、どんな人とも抵抗なく接するほうではある。しかし、そんなぼくでも、女性同士の世代を超えたコミュニケーションにはいささか驚かされる。

男性の場合、二、三歳違っただけで〝年功序列の法則〟が機能するように思われる。長年にわたるサラリーマン生活で上下関係が染み付いているのか、「年上にはかしこまり、年下には強く出る」といった習性からなかなか抜けられないのだ。

ところが、女性は違う。たとえば、家の近所を歩いていると、親子ほども年齢が違っていそうな主婦同士が〝タメ口〟でなにやら楽しげに話しこんでいたりする。ぼくのカミさんもそうである。どうも女性には、互いの年齢など意に介しないところがあって、男からすると不思議というかすごいと思う。

『黄昏流星群』では、女性陣から、

「何しょぼくれてるの⁉　人生まだまだこれからじゃない！」

と叱咤激励される中高年男性が多々登場するが、じつはこうした現実にある女性のたくましきコミュニケーション力を映し出していたりもするのだ。

「人間の魅力」を漫画で伝えていく

手塚先生の漫画の登場によって、日本の漫画のレベルは飛躍的に向上した。そしていまでは、日本文化の一翼を担うまでに定着・成熟している。手塚先生をはじめとする先輩方が築かれた漫画という文化・財産を、どう発展させ、後輩に引き継いでいくか――。還暦という節目を迎えたぼくは考えている。

◇手塚治虫に始まった日本の漫画文化

漫画は、海外でもそのまま〝ＭＡＮＧＡ〟で通じる。欧米ではふき出しの中の言葉が英語などに変わっただけの漫画が出版され、人気を博している。いまや漫画は、押しも押されもせぬ、立派な日本の文化となったのだ。

そして、その黎明《れいめい》を担ったのが、ぼくも大いに影響された手塚治虫先生である。手塚先生は、それまでの漫画をガラリと変えた。それまでの非常に単調だった画面を、映画的手法を取り入れて大きく変えていった。場面をさまざまなアングルから切り取り、人物の動きにもスピード感を持たせた。光をバックに人物の影を浮き上がらせるなど、モノクロであることをうまく利用し、陰影に訴える描写で誌面を活性化することにも成功している。手塚先生が描いたドストエフスキーの『罪と罰』の躍動感、影を効果的に用いた描写は、いま目にしても見事である。

◇「マルクスと漫画を持つ世代」の登場

手塚先生が活躍した時代は、ぼくら団塊の世代が少年時代を送った時期と重なる。そのことが、ぼくらを漫画世代にしていった。そしてぼくらは、大学生になっても漫画を手放さない最初の世代となり、七〇年安保闘争など、政治に興味をもつ一方で、『少年マガジン』や『少年サンデー』を愛読していた。おかげで、「左手に『朝日ジャーナル』、右手に『少年マガジン』」などと揶揄《やゆ》されたものである。

そして時は流れ、漫画を抱えたまま、ぼくらは社会人になっていった。ところが、その頃は青年や社会人向けの漫画というのがなかった。そこで出版各社は青年漫画を作ろうではないかと、『ビッグコミック』『ヤングマガジン』『モーニング』などを創刊していったのである。

日本の出版界が海外のそれと違っているのは、大手出版社が綿密なリサーチのもとに漫画の読者層を分析し、先頭に立って漫画の新たなジャンルを開拓していったことにある。それが青年コミックを誕生させたり、映画や小説に負けない物語性を備えた作品群を生んでいったりし、日本の漫画文化を成熟させていくことになった。

だからぼくには、

「ぼくら団塊の世代が漫画文化を牽引してきたのだ」

との自負がある。ならば、ぼくらが熟年にさしかかったいま、どんな漫画が必要とされているのだろう。シニア向けコミック——それが『黄昏流星群』で試みていることであり、手塚先生が切り拓いてきた漫画文化を継承・発展させることにつながるのではないかと考えている。

◇**少年漫画が危うい！**

シニア向けの漫画を模索する一方で、少年漫画の現状については、ぼくは少なからず危惧していることがある。

周知のように、漫画が子どもに与える影響には甚大なものがある。たとえば『巨人の星』は、ぼくが大学のときに登場・連載されていた。ぼくら大学生は、「土埃《つちぼこり》にかき消されてボールが見えなくなる」という〝消える魔球〟なるものについて、

「こんなこと、できるわけがないじゃないか」

と、一歩引いて読んでいた。ところが、ひと世代下の、少年時代にこれを読んでいた人に聞くと、

「けっこう本気で、〝消える魔球〟をマスターするためのトレーニングをしていた」

などと言うのだ。漫画の影響力はそれほど強い。

漫画にはそのときどきの主流テーマというのがあり、たとえば集英社の『少年ジャンプ』のかつてのテーマは、「努力・友情・勝利」であった。それを具体化したのが〝スポ根漫画〟であり、それらを読んで育った少年少女が、中学や高校に上がると野

球やバレー、サッカーなどのクラブに入り、スポーツ選手を目指したのだった。

ところがその後、不良少年を主人公にした作品が次々に登場した。ヒーローは、極悪ではないものの、「そこそこにワル」というアウトサイダーであり、やくざも登場するし、けんかやグループ同士の抗争などもあり、それらが美化されて描かれる。「殴る蹴る」を、ある意味、正当化するわけだ。こうした風潮に、子どもたちが影響されないわけはない。近年、子どもが粗暴化してきたことと重ね合わせると、漫画家の一人としては忸怩《じくじ》たる思いがする。

確かに子どもというのは、スピード感があるものや、殺人やオカルトなどドキドキさせられるものに飛びつくものであり、描く側・売る側としては刺激性の強い作品を追求するのも、やむを得ないところがある。けれど、ほろりとさせられる人情漫画、情緒を養うような内容の漫画が、子ども向けにもっとあってよいのではなかろうか。そもそも、

「人間、そんなに捨てたもんじゃない」

ということを、漫画を通して伝えていくべきではなかろうか。

◇ぼくの漫画に「根っからの悪人」は出てこない

子ども向けではないが、ぼくの漫画には「根っからの悪人」は出てこない。「島耕作シリーズ」にしても『黄昏流星群』にしても、登場人物は多士済々で、いやな上司もいればやくざ者も出てくるが、どこかに愛すべき要素があったり最後には改心したりしている。

「リアルな漫画であれば、当然、悪人も必要ではないか」

との意見もあるが、ぼくはそうは思わない。そもそも「根っからの悪人」というのに、ぼくはこれまでの人生で出会ったことがないのだ。

会ったことのないキャラクターは描きづらい。だからぼくはこれからも、「人間、捨てたもんじゃない」という考えをベースに、人物描写をしていくつもりだ。そして、人間の魅力に興味をもとうとする人、すなわち「人の話に耳を傾けようという姿勢をもった人＝聞き上手」は、必ずや周囲から認められ、心豊かに暮らしていけるということを表現していきたいと考えている。

弘兼憲史（ひろかね　けんし）
1947年、山口県岩国市生まれ。1970年、早稲田大学法学部卒。同年、松下電器産業に入社し、本社販売助成部に勤務。1973年、同社を退職。1976年、『風薫る』で漫画家デビュー。1983年より「島耕作シリーズ」を、1995年より『黄昏流星群』をスタートし、現在も連載中。2007年、紫綬褒章受章。日本漫画家協会理事、松下政経塾評議員、「21世紀のコミック作家の著作権を考える会」理事、山口大学ほか2校で客員教授・講師、コンテンツ産業国際戦略研究会議委員など、多くの公職を務める。

聞き上手になるには

2008年 4月10日　初版発行

著　者　弘兼憲史
発行者　西澤一守

発行所　株式会社　フォー・ユー
東京都文京区本郷3丁目2番12号 〒113-0033
☎代表　03(3814) 3261

発売元　株式会社　日本実業出版社
東京都文京区本郷3丁目2番12号 〒113-0033
☎代表　03(3814)5161　振替 00170-1-25349

印 刷／理 想 社　　製 本／若林製本

落丁・乱丁は、送料小社負担にてお取り替え致します。

ISBN 978-4-89376-101-9